Eine Rose ist eine Rose ist eine Rose.

Eine Rose ist eine Rose

Eine Rose ist eine Rose ist eine Rose

Mythos und Leidenschaft

ars vivendi

Inhalt

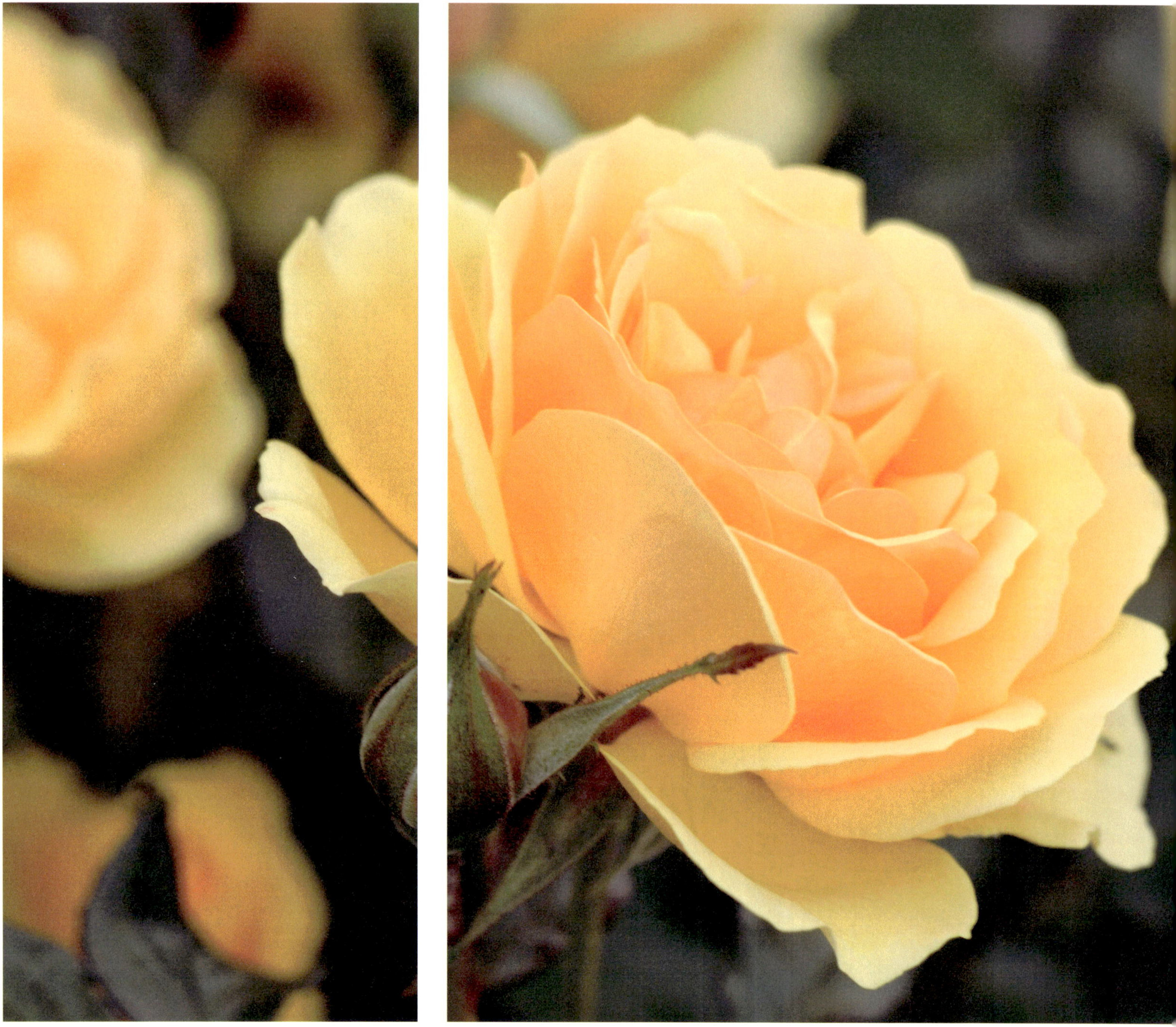

Vorwort

Sie gilt als die Königin der Blumen und wird schon seit Jahrtausenden von den Menschen verehrt und vergöttert. Die Rose bezaubert durch ihre Schönheit, betört mit ihrem Duft und ist Teil vieler Legenden.

Es ranken sich diverse Mythen um die Blume der Blumen. In der griechischen Mythologie etwa spielen Rosen eine bedeutende Rolle. Sowohl weiße als auch rote Rosen werden dort vor allem mit Aphrodite, der Göttin der Liebe, assoziiert. So unschuldig und rein wie ein Blütenblatt soll sie dem Meer entstiegen sein. Der Schaum der Meeresbrandung, aus dem sie geboren wurde, verwandelte sich in weiße Rosen. Auch auf Botticellis Gemälde »Geburt der Venus« regnen weiße Rosen herab.

Leider war Aphrodite in Wahrheit nicht ganz so unschuldig und betrog ihren Gatten Hephaistos, den Gott des Feuers, mit vielen Männern, nicht zuletzt mit dem Kriegsgott Ares. Doch für den schönen Adonis hegte sie eine ganz besondere Leidenschaft. Aus Rachsucht tötete Ares seinen Widersacher, indem er sich in einen Eber verwandelte und den

Das Buch ist wie eine Rose, beim Betrachten der Blätter öffnet sich dem Leser das Herz …

Aus Persien

nichtsahnenden Adonis zerriss. Die trauernde Aphrodite eilte zu ihrem Liebhaber und trat dabei auf einen Rosenstrauch. Dessen Dornen verletzten ihre Haut, und die Rosen färbten sich rot von ihrem Blut. So wurden die weißen Rosen ein Sinnbild der tugendsamen Liebe, die roten ein Symbol der Begierde und Verführung. Aus den Tränen des sterbenden Jünglings übrigens wuchsen kleine rote Blümchen, bekannt als »Sommer-Adonisröschen«. Von diesem Tag an soll die Göttin der Liebe eine filigrane Rose als Schmuckstück getragen haben.

Ein anderer griechischer Mythos begründet, warum die Rose auch als Symbol der Verschwiegenheit gilt: Eros soll Herakles eine Rose geschickt haben mit der Bitte, die Liebesaffären Aphrodites geheim zu halten. Wer später jemandem »sub rosa« – unter dem Zeichen der Rose – ein Geheimnis anvertraute, konnte sich auf dessen Diskretion verlassen. Noch heute sind Rosenschnitzereien oft an Beichtstühlen zu entdecken, auch wenn sich kaum jemand mehr der Bedeutung des Ornaments bewusst ist.

Im Ägypten der Pharaonen und im Römischen Reich wurden Rosen kultiviert und in Ehren gehalten. Rosen- und nicht etwa Lorbeerkränze schmückten im antiken Rom die Häupter siegreicher Heerführer. Vor allem aber haben die Liebenden aller Zeitalter diese Blume und ihre Symbolkraft für sich entdeckt. Rosen bewegten von jeher die Gemüter der Menschen und sind auch aus unserer heutigen Lebenswelt nicht wegzudenken. Kunst und Mode lassen sich von den wundervollen Blüten und den lebendigen Rankformen inspirieren; Kosmetik, Küche und sogar Heilkunde profitieren von den edlen Inhaltsstoffen der Rose. Und was wären unsere Gärten ohne ihre Farben, ihren Duft und ihre Schönheit?

Lassen auch Sie sich in die bezaubernde und faszinierende Welt der Rosen entführen und endecken Sie die Geheimnisse der Königin der Blumen.

Erste Rosen erwachen,
und ihr Duften ist zag
wie ein leisleises Lachen;
flüchtig mit schwalbenflachen
Flügeln streift es den Tag;
Und wohin du langst,
da ist alles noch Angst.
Jeder Schimmer ist scheu,
und kein Klang ist noch zahm,
und die Nacht ist zu neu,
und die Schönheit ist Scham.

Rainer Maria Rilke

Der Duft der Rose

Wer liebt ihn nicht: den Duft der Rose …

Schon die alten Griechen und Römer wurden von ihm magisch angezogen. Oft wird er mit Begriffen wie rund, sinnlich und edel umschrieben; er weckt Assoziationen an üppig blühende Gärten, romantische Begegnungen oder fröhliche Feste.

Dabei gibt es »den« Duft der Rose eigentlich nicht. Die Unterschiede zwischen einzelnen Arten und Züchtungen sind markant. Die einen duften zitronig-frisch und erinnern an Veilchen und Maiglöckchen (z.B. *rosa rugosa*, *rosa rubiginosa*), andere tragen betörende, schwere, harzige Noten. So unverwechselbar Rosenduft einerseits ist, so facettenreich ist er andererseits. Rund 500 Einzelkomponenten machen das typische Bukett aus und signalisieren unserem Geruchssinn, dass wir es mit Rosen zu tun haben. Eine kompliziertere Komposition also, der einmalige Duft der Rose …

Die Tages- und Jahreszeit entscheidet mit darüber, wie Rosen riechen. Am stärksten duften sie zur ersten Blüte in den Monaten Mai und Juni. Frühmorgens, wenn es noch kühl ist und die Blüte von feuchtem Tau benetzt ist, entfalten sie einen besonders starken und süßen Geruch. Deshalb findet die Ernte von Duftrosen bis auf wenige Ausnahmen kurz nach Tagesanbruch statt.

Schon früh hat der Mensch versucht, diesen kostbaren Duft einzufangen. Die Kunst der Aromagewinnung ist ein sehr altes und traditionelles Handwerk. Funde alter Gefäße und Duftflakons belegen eine 5 000 Jahre alte Duftkultur mit der Kunde von diversen Salben, ätherischen Ölen und Wässern, deren Wiege im alten Ägypten stand. Schon früh kam man zu der Überzeugung, dass durch Hitze Duftstoffe freigesetzt werden können, was sich in dem Wort »Parfüm« (lateinisch *per fumum*, »durch Rauch«) erhalten hat. Im französischen Grasse, der Welthauptstadt des Parfüms, wurden schon vor vielen Jahrhunderten Düfte kreiert, seit die kostbaren und wohlriechenden Duftwässerchen im 14. Jahrhundert in Europa aufkamen. In immer raffinierteren Kompositionen wurden verschiedene Duftnoten in wechselnden Anteilen miteinander kombiniert – eine Kunst für sich, die in hohem Ansehen stand und Grasse reich machte.

In der Parfümherstellung wird vor allem das Öl von Moschus- und Damaszenerrosen verwendet und in einem aufwendigen Verfahren aus den Blütenblättern gelöst.

Dass Rosenparfüms und das dafür verwendete Rosenöl eine wahre Kostbarkeit sind, belegen Zahlen: Für 100 ml Rosenöl sind bis zu 500 Kilogramm Rosenblüten notwendig.

Doch Rosenöl kann mehr, als nur gut zu riechen. Die ätherischen Öle der Rose wirken entspannend und harmonisierend und können helfen, depressive Stimmungen zu lindern.

Schon Kleopatra soll in Eselsmilch gebadet haben, die mit Rosenblüten angereichert war. In der Hautpflege wirken sie bei trockener und empfindlicher Haut reizlindernd und heilend – ein wahres Fest für alle Sinne.

wahres Fest für alle Sinne.
Den lieblichen Duft der Rose
können Sie auch zu Hause
mit einfachen Mitteln extra-
hieren und erhalten dadurch
wertvolle Produkte, die sich
genauso gut für die eigene
Schönheitspflege wie auch als
liebevolle Geschenke eignen.

Rosenwasser

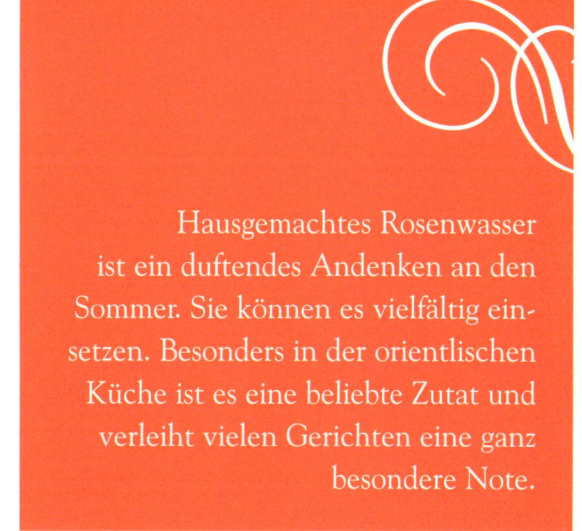

Hausgemachtes Rosenwasser ist ein duftendes Andenken an den Sommer. Sie können es vielfältig einsetzen. Besonders in der orientlischen Küche ist es eine beliebte Zutat und verleiht vielen Gerichten eine ganz besondere Note.

50 g ungespritzte Duftrosenblüten
200 ml Wasser

Die Rosenblüten kalt abspülen und trockentupfen. Die Blütenblätter abzupfen und in eine Schüssel geben. Das Wasser leicht erwärmen und über die Blütenblätter gießen. Den Ansatz abdecken und 2 Tage bei Zimmertemperatur ziehen lassen.

Das aromatisierte Wasser durch ein feines Sieb gießen, dabei die Blütenblätter ausdrücken. Das Rosenwasser in eine saubere Flasche füllen. Kühl aufbewahren.
Ergibt 200 ml.

Rosenöl …

… ist eine der kostbarsten Substanzen der Welt. Um nur einen Liter Rosenöl zu gewinnen, benötigt man 5 Tonnen Blütenblätter. Bei Rosen sind die ätherischen Öle in den Blütenblättern enthalten. Mittels Wasserdampf werden Öltröpfchen herausgelöst, die nach einem Kühlvorgang vom Wasser geschieden werden können. Bei der Qualität spielen der Anbauboden, das Klima und die Lage eine Rolle. Rosenöl ist ein Naturprodukt, und seine Beschaffenheit unterliegt natürlichen Schwankungen. Es wird nach Herkunftsland, Rosenart und Anbaumethode unterschieden und angeboten. Wichtig ist die Echtheit der Öle.

Die Rose
spricht
alle Sprachen
der Welt.

Ralph Waldo Emerson

Rosen-Massageöl

5 Tropfen ätherisches Rosenöl
5 Tropfen Mandelöl
5 Tropfen Honigöl
100 ml Basisöl (Jojoba, Maiskeim oder Sonnenblume)

Das Basisöl in eine Schüssel füllen und die anderen Öle tropfenweise dazugeben, dann miteinander vermischen. Das entstandene
Massageöl wirkt entspannend und aphrodisierend.

Rosengesichtswasser

50 g getrocknete und zerstoßene Rosenblütenblätter
200 ml Weißwein
5 g Alaunpulver

Weißwein auf Körpertemperatur erwärmen. Dann über die Blütenblätter gießen und mindestens 2 Tage lang ziehen lassen, dabei immer wieder umrühren oder schütteln. Dann durch ein Sieb gießen. Den »Rosenwein« abermals erwärmen und darin das Alaunpulver auflösen. In eine dunkle Glasflasche füllen und diese an einem kühlen Ort lagern.
Das Gesichtswasser erfrischt und beruhigt trockene, müde und gestresste Haut.

Die Rose

hab ich mit ins Bett genommen,
Was soll sie im Glas langsam welken –
überall sollt man ein Heiligtum der
Natur mit herumtragen,
das frei macht vom Bösen,
wer kann in Gegenwart einer Rose
nicht mit edlen Gedanken gefüllt sein.
Ich hab's lieb, das Röschen, mit dem ich geschlafen hab –
Es war matt, nun hab ich's ins Wasser gestellt, es erholt sich.

Bettina von Arnim

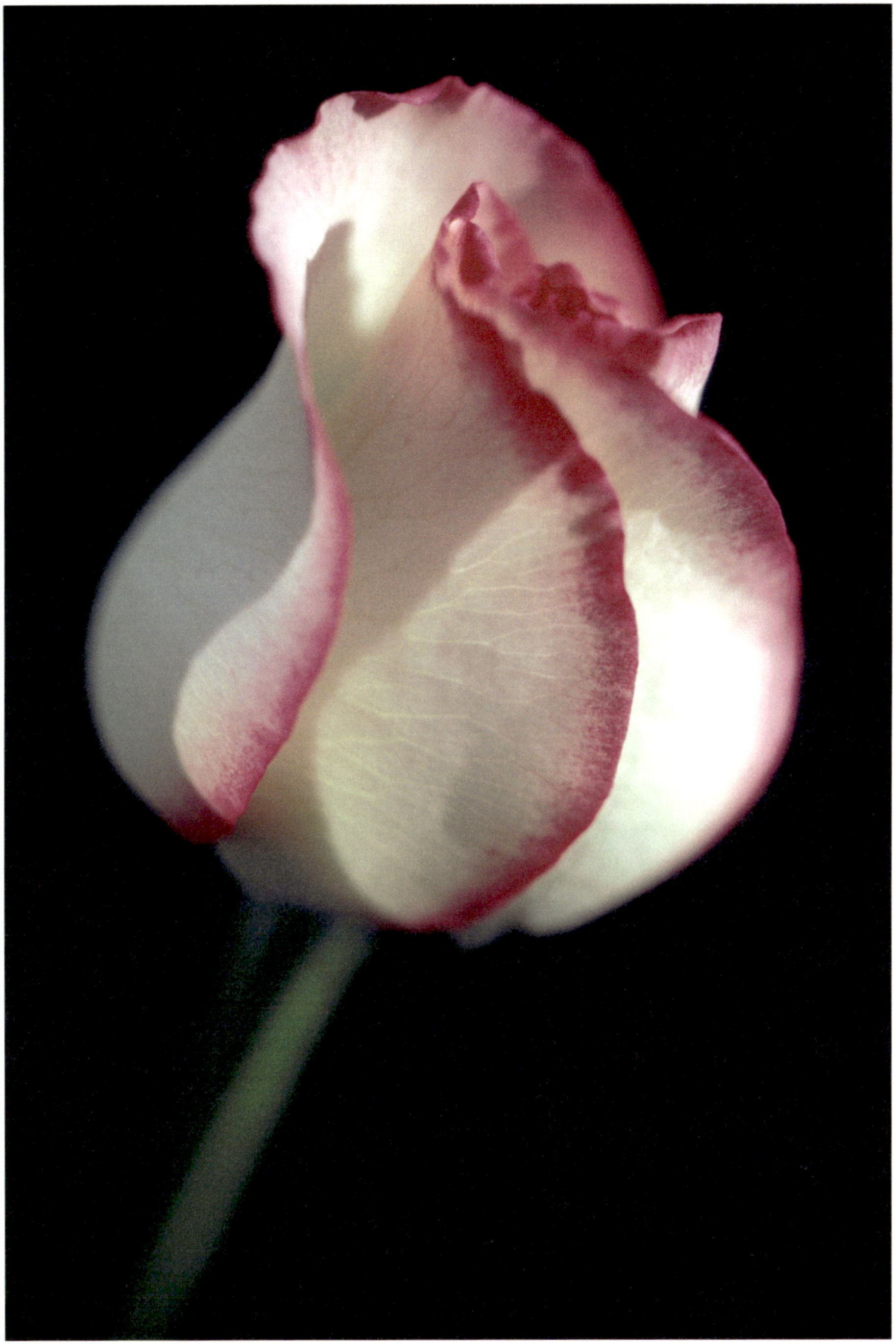

Potpourri aus Rosenblüten

Die Zutaten schichtweise in ein Schraubglas einfüllen, zwischendurch mit den ätherischen Ölen beträufeln. Das Gefäß fest verschließen, morgens und abends kräftig schütteln. Nach zwei Wochen sind die Komponenten gereift. Zusätzlich mit schönen getrockneten Rosenknospen verziert, können sie wochenlang ihren Duft abgeben und sehen in einer dekorativen Schale besonders schön aus.

Tipp: In Säckchen aus Tüll oder Seide gefüllt, parfümiert das Potpourri Wäscheschränke und ist ein ganz besonderes Geschenk.

3 Tassen getrocknete Rosenblätter
1 Tasse getrockneter Lavendel
3 EL Veilchenwurzelpulver
1 EL Gewürznelken
4 Zimtstangen
8 getrocknete Scheiben Zitrusfrüchte (Mandarinen, Orangen, Zitronen)
6 Sternanis
je 10 Tropfen Rosen- und Orangenöl

Das Trocknen von Rosen

Der Zauber frischer Rosen ist flüchtig, aber auch die getrockneten Blüten haben ihren Reiz und Wert. Die einfachste Methode, Rosen zu trocknen und zu konservieren, ist, sie kopfüber an einem Band an einem warmen, trockenen und luftigen Ort aufzuhängen. Man kann auch einzelne Blütenblätter im Backofen trocknen (einige Stunden bei 50 Grad und leicht geöffneter Backofentür) und sie dann z.B. für Potpourris verwenden. Etwas aufwendiger, aber für manche Zwecke empfehlenswert ist die Behandlung der Rosen mit Trocknungsgranulat (in der Apotheke erhältlich), denn dabei werden Farbe, Duft und Form am besten konserviert.

Wenn der

Mensch …

… keine anderen
Fähigkeiten hätte,
als Rosen zu ziehen,
so wäre er dennoch
vollkommen.

Wilkie Collins

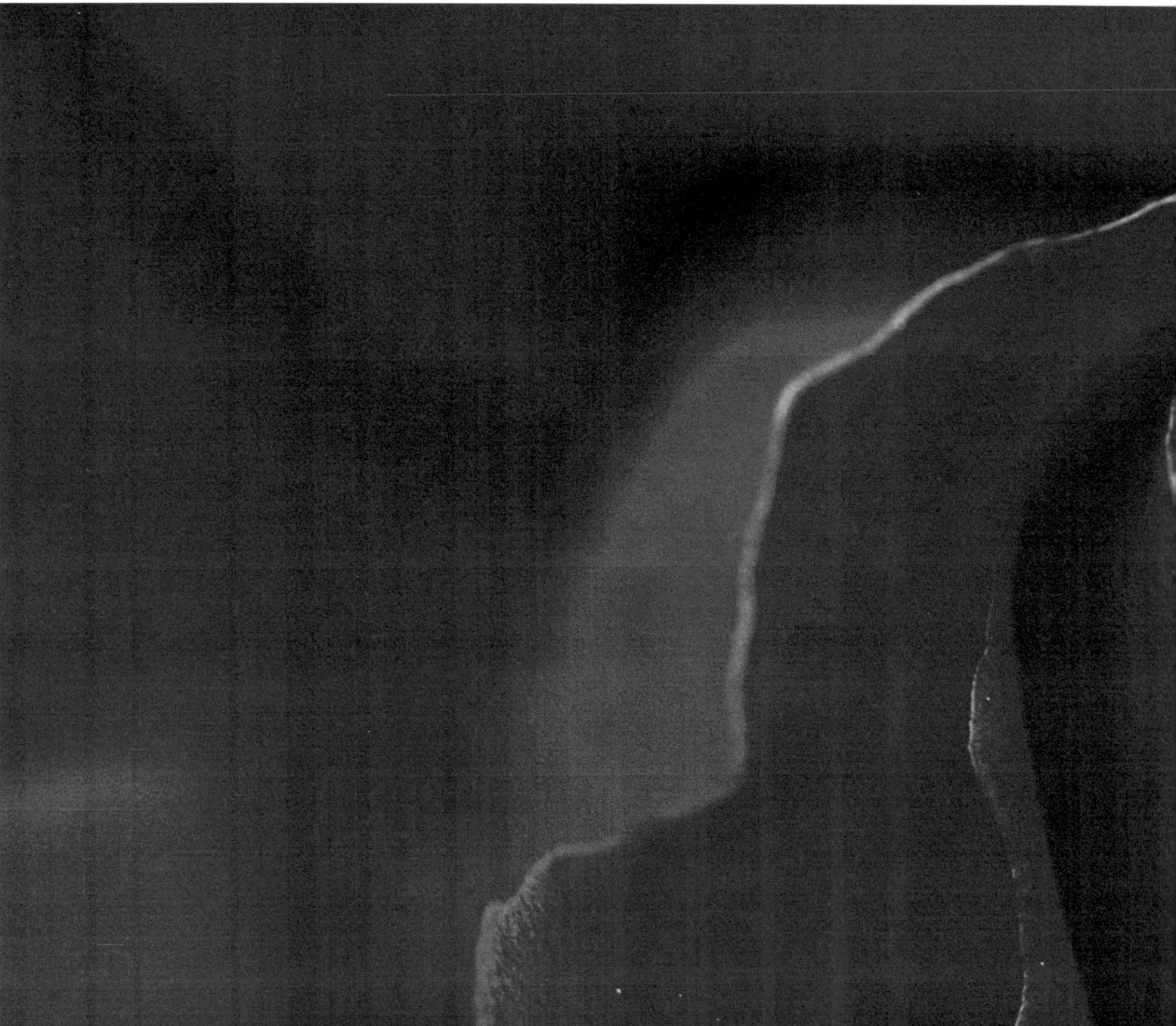

Die Symbolik der Rosen

Allein über die Symbolik der Rose könnte man ein ganzes Buch schreiben … und würde sich damit in eine lange Kette einreihen: Der Stellenwert der Rose in der Welt der Dichtkunst ist kaum zu ermessen. Sie gilt als das Sinnbild reiner Liebe, aber auch flammender Leidenschaft. Die Überreichung eines Straußes roter Rosen kommt einem Liebesgeständnis gleich, und kann man sich eine Hochzeit ohne Rosen vorstellen? Sie ist ein Jahrtausende altes Symbol für Begierde ebenso wie für Wertschätzung, für Sinnlichkeit wie für Zärtlichkeit, sie steht dort, wo die Extreme sich begegnen – oder trennen? Diese Ambivalenz ist auch in der Bibel zu finden. Eva soll eine Rose aus dem Garten Eden mitgenommen und sie den Gärten der Menschen zugetragen haben: Aus der Paradiesblume wurde ein weltliches Ding. Das erklärt auch die zunächst feindselige Einstellung des Christentums zur Rose. In den Anfängen verkörperte sie mit ihren Dornen das Leiden Christi, und die roten Blütenblätter erinnerten an die Flammen des Dornenbusches.

Doch wie viele andere »heidnische« Symbole konnte das Christentum auch die Rose nicht aus den Gedanken und Gebräuchen der neu Bekehrten verbannen und machte sie deshalb – buchstäblich um ihr den Stachel zu nehmen – zu einem eigenen religiösen Sinnbild. Da die Rose unweigerlich mit Liebe in Verbindung gebracht wurde, sollte sie zumindest das wollüstige und erotische Image verlieren, das

christlichen Lehre vereinbaren ließ. Und so wurde eine schon bekannte Geschichte neu interpretiert, nämlich jene von Aphrodite und Adonis, der Entstehungsmythos der roten Rose. Nun erzählte man, wie Maria, um den gekreuzigten Jesus trauernd, ihre Tränen auf eine rote Rose fallen ließ, die daraufhin ihre Blütenfarbe in reines Weiß änderte. Somit war die verruchte rote Rose »rein gewaschen« und konnte als Sinnbild der treuen und reinen Liebe dienen.

Doch selbst die rote Rose wurde bald unter die christlichen Symbole eingereiht, und es kam der Mythos der heiligen Elisabeth auf. Diese half armen Menschen, indem sie gegen den Willen ihrer reichen Familie Brot und Wein aus ihrem Haus schmuggelte. Als sie dabei ertappt wurde, beteuerte sie, dass sie lediglich Rosen im Korb trüge. Und tatsächlich lagen rote Rosen darin und retteten sie und die leidende Bevölkerung, denn daraufhin ließ man sie gewähren.

In dieser Legende erkennt man auch eine weitere Sinnebene der Rose: ein Zeichen für Verschwiegenheit und Geheimnisse. Im alten Rom wurde die Rose als verbindliches, einem Schwur gleichkommendes Bekenntnis zur Verschwiegenheit gedeutet. Die Türen des Senats waren mit Rosen bestückt, und alles sub rosa dictum (»unter der Rose Gesagte«) war streng geheim. In dieser Tradition lebte das Rosensymbol jahrhundertelang weiter und wurde gern von Geheimbünden und -gesellschaften aufgegriffen. Das Pentagramm, ein wichtiges Symbol der Alchemisten und Freimaurer, basiert auf der fünfblättrigen Wildrose.

Auch in der Zeit der Kreuzzüge spielte die Rose eine wichtige Rolle. Die Templer, eine geheime Organisation, die im 12. Jahrhundert vom Papst

als Orden anerkannt wurde, fühlte sich dazu berufen, Reliquien aus dem heiligen Land nach Europa zurückzubringen. In diesem Zusammenhang steht auch die »Rosenlinie«, die an ein Weiterleben der Nachkommen Jesu und Maria Magdalenas glaubt. Das Zeichen der Templer wurde bald das Rosenkreuz. Das Kreuz stand sowohl für Gottes Geist und Licht als auch für die Vergänglichkeit und Sterblichkeit der Materie. Die Rose bildete das Zentrum und stand in all ihrer Symbolstärke für Heilung, Weiblichkeit und Verschwiegenheit.

Spekulationen und Verschwörungstheorien sind angesichts dieser Thematik kaum Grenzen gesetzt und sie wurden oft in Kunst und Literatur aufgegriffen; man denke nur an Dan Browns Bestseller *Sakrileg*. Und wer hätte sich noch nie gefragt, warum Umberto Ecos Roman *Der Name der Rose* heißt, obwohl doch eigentlich gar keine Rose so richtig darin vorkommt?

Außer Frage steht, dass die Rose eine weitere Errungenschaft der Kreuzzüge war und das Wissen um ihre Kultivierung und Nutzung aus dem Orient nach Europa gebracht wurde. Die Blume symbolisierte Macht, Einfluss und Wohlstand und wurde deshalb in viele Wappen machthabender Familien integriert. Man kann dies auf einen alten römischen Brauch zurückführen: Siegreiche Feldherren befestigten als Zeichen für erfolgreich geschlagene Schlachten Rosen an ihren Schilden. So bahnte sich die Rose ihren Weg in die Heraldik. Auch die beiden englischen Adelshäuser Lancaster und York führten die rote bzw. weiße Rose in ihrem Wappen, als sie Mitte des 15. Jahrhunderts um den Anspruch auf den Thron stritten. Aus diesem Konflikt entbrannte ein blutiger Bürgerkrieg, der erst 1487 durch die Vermählung beider Häuser beigelegt werden konnte: der Rosenkrieg. Fortan zierte die Symbiose aus roter und weißer Rose, die Tudor-Rose, das Wappen des englischen Königshauses.

So bezeichnete die Rose allmählich eine Vielzahl von Eigenschaften, Gefühlen und Werten: Macht und Reichtum ebenso wie Aufopferung und Gnade, Leidenschaft und Wollust nicht weniger als Treue und Nächstenliebe.

Neben den zahllosen Sagen, Legenden und Parabeln kannte man seit jeher das Rosenorakel und so manchen Aberglauben:

Früher warfen Liebende Rosenblätter in einen Bach. Wenn diese zwei Blätter zusammen fortschwammen, war das Paar füreinander bestimmt und würde bald heiraten. Diese Form von Zukunftsdeutung lässt auf eine tiefe Verankerung der Rose im Volksbrauchtum schließen. Aus Dankbarkeit für glücklich überstandene Geburten vergruben Hebammen die Nachgeburt unter einem Rosenbusch, und Hausfrauen pflanzen noch heute in manchen Landstrichen Deutschlands drei Rosen in ihre Kräuter- und Gemüsegärten, damit Gesindel fernbleibt und die Ernte gut wird.

So ist es auch kaum verwunderlich, dass sich die Rose einen Weg als Element der Zierde in verschiedene Trachten und somit in die Mode bahnte. Schon im Mittelalter verzierte man kostbare Stoffe mit Rosenstickereien, die für begehrte Attribute wie Jugend, Macht und Reichtum standen. Viele Trachten, unter anderem die bulgarischen und spanischen, weisen Rosenstickereien und

-ornamente auf, und englische Landladies verehren die lieblichen Rosendesigns im Stil einer Laura Ashley. Ist man einmal darauf aufmerksam geworden, wird man nicht mehr übersehen, dass die Rose auch die Welt der Mode stark geprägt hat: ob als Element bei der Gestaltung von Textilien oder Accessoires in Form von Broschen, Ringen und Haarschmuck, sie war immer ein begehrtes Ornament. Nach Jahren des strengen und puristischen Designs der 1980er und 1990er Jahre kehrte die Rose auf die internationalen Laufstege zurück und erlebte durch namhafte Designer wie Valentino, Christian Lacroix und Karl Lagerfeld zu Anfang des neuen Jahrtausends ihr Revival.

Auch in den traditionellen Tänzen vieler Kulturen spielt die Rose eine wichtige Rolle – man denke nur an die Blume im Haar einer Flamencotänzerin oder an einen argentinischen Tango, bei dem die Rose zwischen den Zähnen des Tänzers sein inneres Feuer versinnbildlicht: eine maßlose und doch kontrollierte Leidenschaft. Immer schlummern im Bild der Rose gegensätzliche Elemente. Doch die Extreme begegnen sich in Harmonie.

Gleich sind an Form und Gestalt
Freude und Leiden: Die Rose –
Nenn sie geöffnetes Herz,
nenn sie gebrochenes Herz.

Dard (persischer Dichter, 1721-1785)

Deine sanften Kräfte, schlafend
Im Ungewissen des Verlangens,
entfalten jene zarten Formen
zwischen Herz und Wangen.

Rainer Maria Rilke

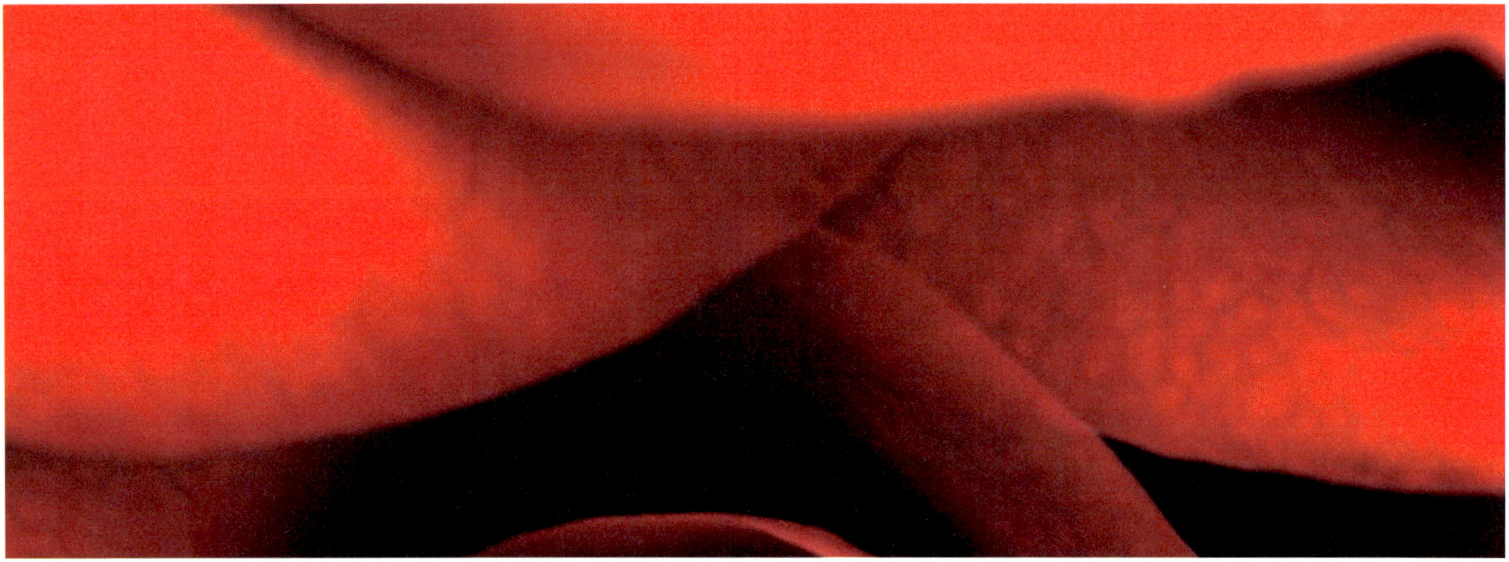
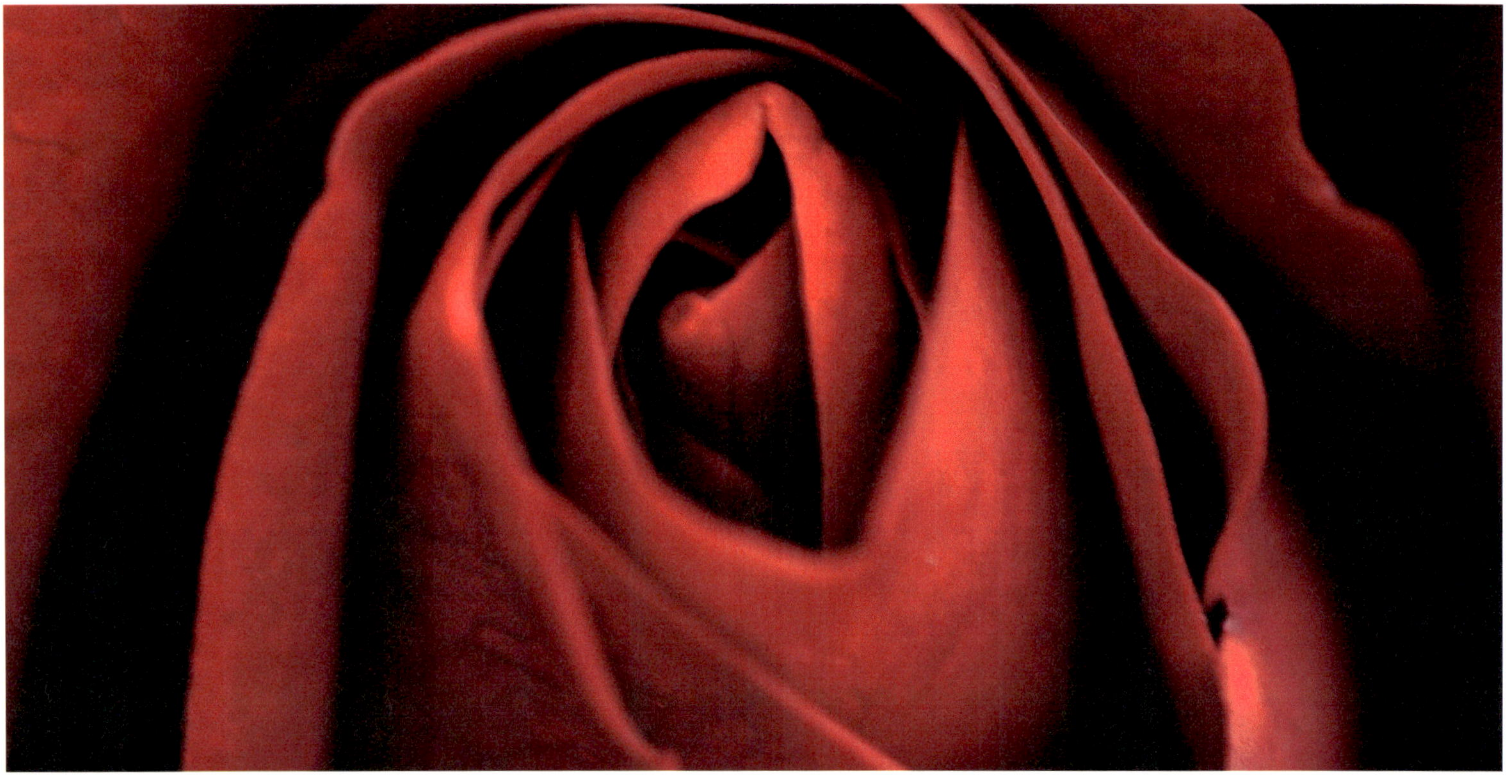

In der persischen Kultur ist die Rose unauflöslich mit der Nachtigall verknüpft. Die Liebe Bülbüls (der Nachtigall) zu Gül (der Rose) ist ein Lieblingsthema der persischen Dichter. Ein alter Mythos erzählt von der Entstehung der roten Rose:

Eines Tages kamen die Blumen vor Allah und klagten darüber, dass ihre Königin, die Lotosblüte, nachts immer schlafe. Da setzte Allah die Rose als Blumenkönigin ein. Von ihrer Schönheit verzaubert, verliebte sich die Nachtigall in sie. Sie sang in den Zweigen des Rosenstrauchs und flatterte um die herrliche weiße Blüte. Schließlich flog sie, von Sehnsucht übermannt, ganz nah heran und presste sich an die Rose, um sie zu umarmen. Doch die Stacheln durchbohrten ihr Gefieder, ihr Blut quoll hervor und benetzte die Blüte. Seitdem sind die Rosen rot.

Die Rose

Ich hab den Traum der Rose belauscht,
der keusch vom kühlen Duft umsprüht
aus ihrer Blumenseele glüht;
ich hab ihn mit allen Sinnen belauscht
und mich berauscht.

Vom Sonnenstrahl hat sie geträumt,
der tags in ihren Adern gärt,
sie nachts mit Tau und Mondlicht nährt,
der wild für sie durchs Luftmeer schäumt,
damit sie träumt.

Richard Dehmel

Rosengärten

Die Rosen stammen in ihrem reichen Sortenumfang von den Wildrosen ab und haben sich den unterschiedlichsten Umgebungen – seien es die arktische Tundra, trockene Bergregionen oder feuchte Sumpfgebiete – bemerkenswert gut angepasst. Wildrosen sind älter als die Menschheit. Ihre beispiellose Erfolgsgeschichte als Königin der Gärten, so nimmt man an, begann vor über 5 000 Jahren in China. Die ca. 150 Arten der Gattung *rosa* sind der Grundstock für die vielen Mutationen, die die Natur selbst hervorgebracht hat, wie auch für die zahllosen gezielten Züchtungen von Menschenhand. Deren Vielfalt ist vor allem auf Gartenausstellungen oder in Rosengärten zu bewundern.

Die Idee, den wunderbaren Zierpflanzen eigene Gärten zu widmen, kam erst im 18. Jahrhundert auf und ist eng verbunden mit den ersten Züchtungserfolgen. 1773 gelang es Daniel August Schwartzkopf, durch gezielte Kreuzung die Rosensorte »Perle von Weißenstein« hervorzubringen – die erste Rosenzüchtung in Deutschland. Das schmale Sortiment begann sich zu vervielfältigen. Die Entwicklung beschleunigte sich rasant, als man im 19. Jahrhundert lernte, die künstliche Befruchtung in der Rosenzucht erfolgreich anzuwenden. Als Wendepunkt und Meilenstein in der Rosenzüchtung gilt das Jahr 1867, als der französische Gärtner Jean Baptiste Gulliot die Teehybride »La France« als Sämling entdeckte.

Dies kennzeichnet den Übergang der alten Rosen oder klassischen Rosen zu den modernen Rosen.

Niemand Geringeres als die Gattin von Napoléon Bonaparte, Josephine de Beauharnais, war eine der ersten Rosenzüchterinnen Europas und ging als die »Rosenkaiserin« in die Geschichte ein. Sie erstand alle damals erhältlichen Rosensorten und legte den schönsten und größten Rosengarten Frankreichs bei Schloss Malmaison nahe Paris an. Von da an widmete sie sich weitgehend ihrem Garten und ließ ihn von Künstlern wie Pierre Joseph Redouté malen.

Der Begriff »Rosarium« entstand gleichzeitig mit dem Rosengarten von Kaiserin Josephine. Die unzähligen Rosarien, die im Gefolge von Josephines Initiative entstanden, waren in ihrer Pflege sehr aufwendig. Ein neuer Berufsstand entwickelte sich: mobile Gärtner, die zu den Rosarien reisten, um die Blumen fachkundig zu versorgen. Für die Rosenfreunde jener Zeit waren die Kosten solcher Einrichtungen nebensächlich. Wer einen gut bestückten Rosengarten sein eigen nennen und seine Freunde durch kostbare Blumengrüße erfreuen konnte, nahm eine besondere Stellung in der Gesellschaft ein. Die Anlage und Pflege eines Rosengartens demonstrierte nicht nur Reichtum, sondern auch Herzensbildung.

Die vergangenen Jahrhunderte haben unzählige reizvolle Rosensorten hervorgebracht. Viele von ihnen sind wieder verschwunden und nur noch aus Berichten bekannt. Die Begeisterung für die

schier unbegrenzten Möglichkeiten der Zucht brachte originelle und optisch faszinierende Sorten hervor; viele davon erwiesen sich aber auch als sehr anfällig für Krankheiten und Schädlinge oder verloren den begehrten Duft der alten Sorten. Nach solchen Erfahrungen bemüht man sich seit einigen Jahrzehnten wieder verstärkt um robuste, gesunde Rosen. Wie viele Rosensorten es heute weltweit gibt, ist kaum zu überblicken; Schätzungen sprechen aber von mindestens 30 000.

Ich fragte:
»Wie lang währt das Leben der Rose?«
Die Knospe vernahm es und lächelte nur.

Mir

Auch im Zusammenhang mit dem Tod spielt die Rose eine wichtige Rolle. Da am Grab gepflanzte Rosen für Hoffnung und Auferstehung standen, wurden schon im 5. Jahrhundert v. Chr. Rosen in Gräber gelegt. Zahlreiche Grabinschriften bezeugen, dass Friedhöfe in Bayern und der Schweiz als »Rosengärten« bezeichnet wurden.

Von der Vase fallen noch Blütenblätter
der kurzlebigen Rose –
eines nach dem anderen.
In der Welt der Blumen sehe ich
keine Hässlichkeit des Todes.

Rabindranath Tagore, indischer Schriftsteller, kurz vor seinem Tod 1941

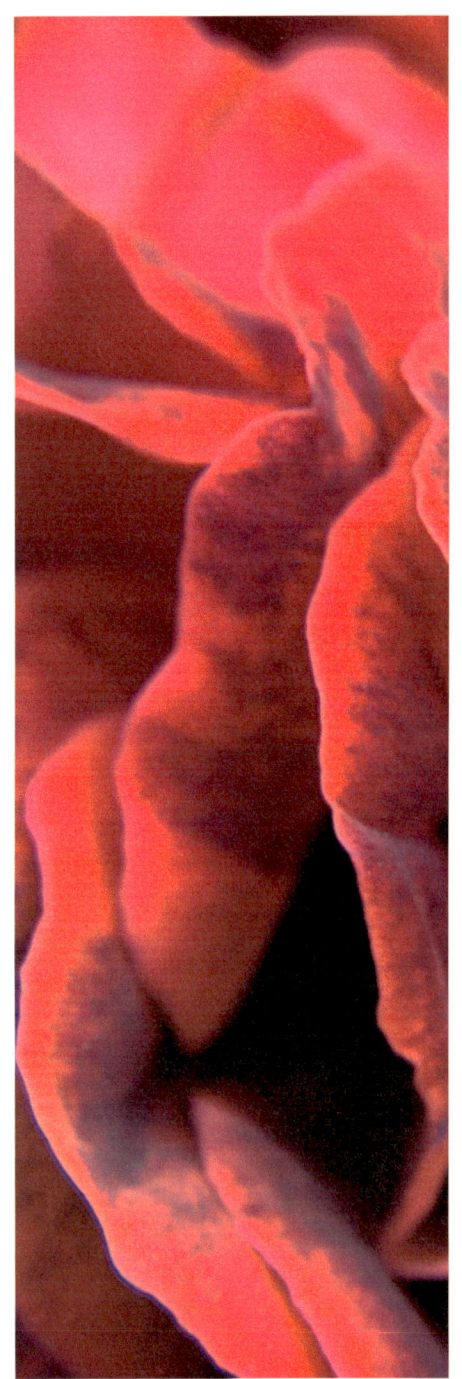
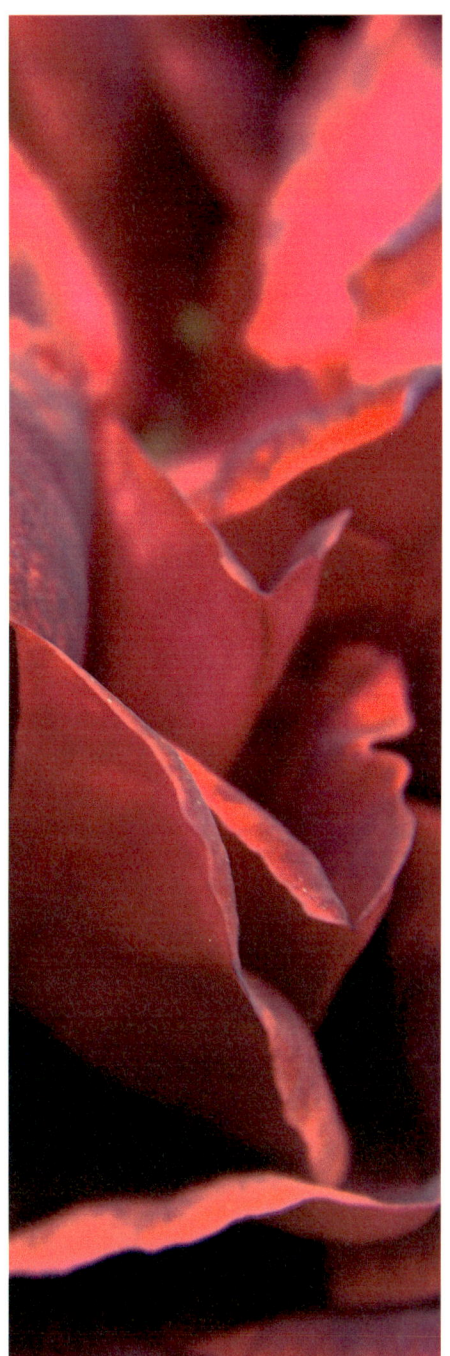
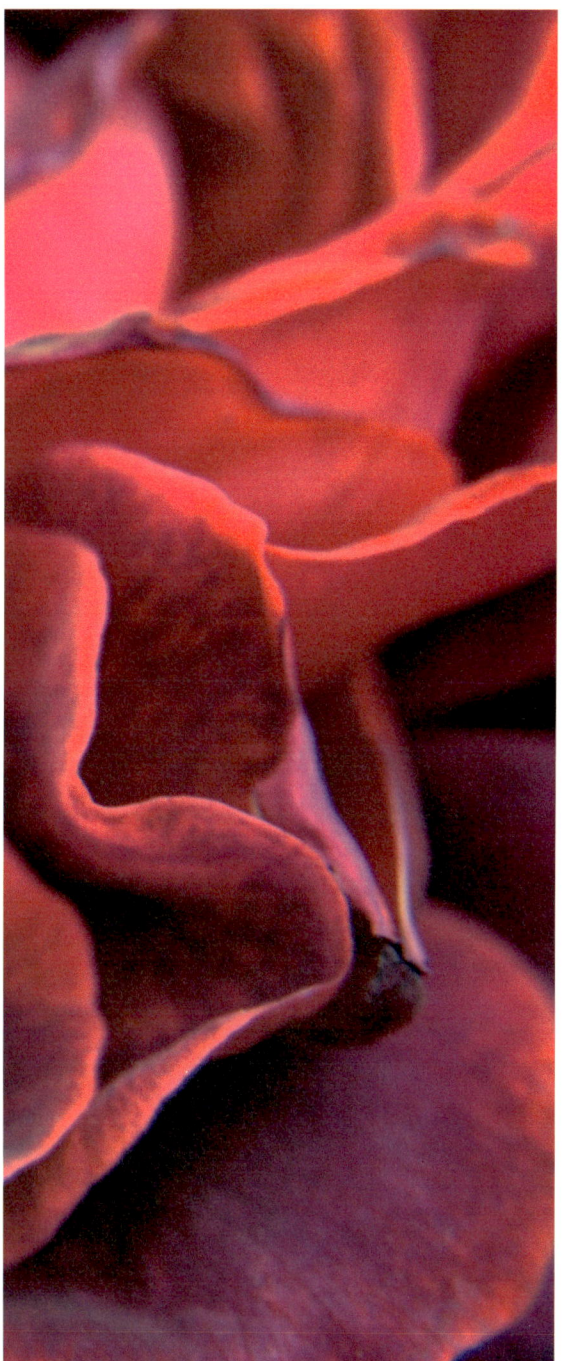

Alte Rosen

Unter alten bzw. historischen Rosen versteht man Rosensorten, deren Rosenklasse vor dem Jahr 1867 kultiviert wurden.

Weiße Rose – rosa alba

Diese Duftrose wurde schon in der klassischen Epoche angebaut, hat zahlreiche Varianten und wird zur Herstellung von Rosenöl verwendet.

Damaszenerrose – rosa damascena

Schon in der Antike kultiviert, geht diese Rose vermutlich auf die Apothekerrose zurück, die mit Wildrosen gekreuzt wurde. Sie duftet besonders stark und wird deshalb in der Produktion von Rosenwasser und -öl eingesetzt. Die größten Anbaugebiete der Damaszenerrose befinden sich in Bulgarien.

Essigrose – rosa gallica

Die Essigrose ist eine der wichtigsten und am längsten kultivierten

Rosen. Sie ist besonders robust und wurde schon von den Römern als Heilpflanze verwendet.

Chinarose – *rosa indica semperflorens*

Die Chinarose zählt zu den ältesten Gartenrosen, die ihren Ursprung in China und Indien hat. Schon Konfuzius berichtet von ihrer Schönheit. Zu ihren besonderen Eigenschaften zählen die zweite Blüte im Spätherbst, ihr charakteristisch feiner Geruch und die ausdrucksvollen Farben.

Teerose – *rosa indica fragrans*

Die Teerose kam als eine Züchtung aus der Wildrosenart *rosa gigantea* und der Urform der Chinarose *rosa chinensis* aus ihrer Heimat nach Europa, doch erst neue Züchtungen machten sie ausreichend

winterhart für die kalte europäische Witterung. Es gibt verschiedene Erklärungen, wie die Teerose zu ihrem Namen kam: Manche behaupten, sie rieche nach grünem Tee, andere mutmaßen, dass sie in chinesischen Teegärten gepflanzt oder von Teehändlern importiert wurde.

Hundertblättrige Rose – *rosa centifola*

Diese Kreuzung verschiedener Wildrosenarten ist bekannt für ihren intensiven Geruch und ihre üppigen Blüten, die tatsächlich an die hundert Blütenblätter enthalten. Die Moosrose ist eine Unterart der *rosa centifola*. Ihren Namen erhielt die Moosrose wegen der krausen grünen Blattauswüchse, die den Kelch und die Blütenstiele wie bemoost aussehen lassen. Heute findet man sie aufgrund ihres nicht ganz unkomplizierten Anbaus seltener in Gärten.

Moderne Rosen

Die Modernen Rosen sind Gartenrosen, die seit der Einführung der Teehybriden 1867 entstanden sind. Die Remontantrose, an deren Entwicklung so gut wie alle bedeutenden Rosenklassen beteiligt waren, gilt als Bindeglied zwischen den Alten und den Modernen Rosen. Diese entfachten ein regelrechtes Züchtungsfieber.

Teehybriden

Die Teehybriden (auch Edelrosen genannt) bilden die älteste und größte Gruppe der modernen Rosen, die seit dem Ende des 19. Jahrhunderts in über 6 000 Sorten gezüchtet wurden. Die Verfolgung bestimmter Zuchtziele, wie Erweiterung der Farbskala oder Entwicklung neuer Duftnoten, degenerierte manche anderen Merkmale die Teehybriden zum Teil stark – sie wurden anfälliger für Krankheiten und verloren ihren Duft fast gänzlich. Doch mittlerweile haben sich wahre Züchtungserfolge eingestellt: Die neuen Teehybriden gelten als kerngesund und starkwüchsig und weisen große, edle Blüten auf.

Moschusrose

Die Moschusrose ist eine Strauchrose, die aus einer Wildrosenart gezüchtet wurde. Sie erfreut sich besonderer Beliebtheit, da sie

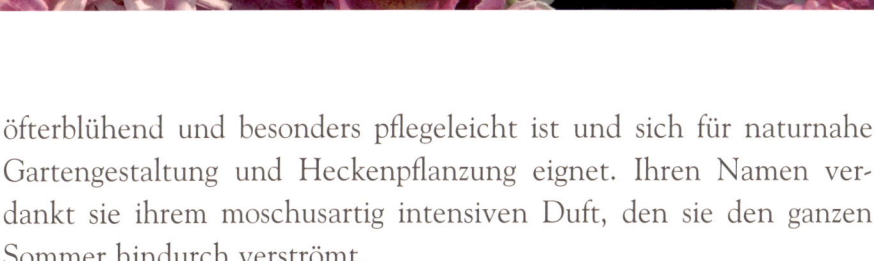

öfterblühend und besonders pflegeleicht ist und sich für naturnahe Gartengestaltung und Heckenpflanzung eignet. Ihren Namen verdankt sie ihrem moschusartig intensiven Duft, den sie den ganzen Sommer hindurch verströmt.

Ramblerrose

Die Ramblerrose ist eine relativ neue Züchtung im Bereich der Schling- und Kletterrosen und dafür bekannt, dass sie sich aufgrund ihrer langen, weichen und biegsamen Triebe ohne Aufbinden an Bäumen hochranken kann. Sie braucht keinen Rückschnitt oder besondere Pflege und ist somit bestens geeignet, um in naturnahen Gärten unbeaufsichtigt zu wachsen.

Polyantharose

Die Polyantharose, die aus Mehrfachkreuzungen entstand, wird zusammen mit der Floribundarose zu den Beetrosen gezählt. Sie zeichnet sich dadurch aus, dass sie eine besonders starke Farbwirkung entfaltet. Sie hat große, halb gefüllte Blüten in üppigen Büscheln und ist im Handel sehr präsent.

Was sind Wildrosen?

Wildrosen bezeichnen die Klasse der nicht gekreuzten Formen der Gattung Rose. Zu den Merkmalen der Wildrose gehören neben den ungefüllten Blüten mit fünf Kronblättern die zahlreichen Staubgefäße, aus denen sich Hagebutten entwickeln. Ansonsten ist das Erscheinungsbild von Wildrosen sehr unterschiedlich. Sie sind als Nahrungsquelle für Bienen und andere Insekten von großer Bedeutung und nehmen somit eine wichtige Position im ökologischen Kreislauf ein.

Welche
Unterhaltung ging
heute früh im
Garten vor?
Alle Knospen
waren Mund, und
die Rose war ganz
Ohr.

Dard

Hagebutten

Hagebutten-Tee
1 Esslöffel getrocknete Hagebutten mit kochend heißem
Wasser übergießen, 15 Minuten
abgedeckt ziehen lassen, danach
durch ein Sieb abgießen.

Alle Rosenarten bilden Hagebutten, die oft als die Früchte der Rosen bezeichnet werden. Genauer gesagt handelt es sich um Scheinfrüchte, da die fleischige Schale die wahren Früchte, die in ihnen enthaltenen kleine Nüsse, umgibt. Diese sind mit feinen, widerhakenbesetzten Härchen bedeckt, weswegen man sie nicht mitverarbeiten und -essen sollte.

Sowohl Formen als auch Farben der Hagebutte variieren stark: von eiförmig bis kugelig, von ziegelrot bis schwärzlich. Ihr Aussehen ist für verschiedene Tiere verlockend; sie bietet ihnen eine wertvolle Nahrungsquelle und sichert gleichzeitig die Vermehrung der Pflanze durch Verbreitung der Samen.

Ihre gesundheitsfördernde Wirkung ist unumstritten: Die Hagebutte ist eine Vitaminbombe, und ihre Inhaltsstoffe wie Fruchtsäure, Pektine und Mineralien fördern die Zellerneuerung und haben

einen antioxidativen Effekt. Ihr Vitamin-C-Gehalt übersteigt den der Zitrone um das 50-Fache.

Früher glaubte man, dass in jeder Hagebutte ein Geist steckte. Dieser wollte nicht einsam sein, suchte Gesellschaft und schloss sich gerne den Menschen an. Das lieferte die Erklärung, wieso Heckenrosen vermehrt an Wegen und Waldrändern wachsen, Standorten also, an denen häufig Menschen vorbeikommen.

Leider findet die Hagebutte heute fast nur noch als Tee und Konfitüre Verwendung; das Wissen um ihre Vielseitigkeit als Nahrungs- und Heilmittel ist weitgehend verloren gegangen.

Das Trocknen von Hagebutten

Die geernteten Hagebutten waschen und trockentupfen. Nach dem Entfernen von Stängeln und (Kelch-)Blättern die Hagebutten halbieren und bei 30 Grad im Backofen mindestens 4 Stunden (hängt von der Größe der Früchte ab) trocknen. Rascheln die Hagebutten, wenn man sie durch die Hand gleiten lässt, sind sie trocken, und die Kerne und Härchen können entfernt werden.

Die getrockneten Hagebutten können Sie ins Müsli geben, sie schmecken aber besonders fein in Kuchen oder herzhaft zu Wildgerichten.

Keine Rose
ohne Dornen?

Botanisch betrachtet ist die Redewendung in zweifacher Hinsicht falsch: Zum einen sind Rosen gar nicht mit Dornen, sondern mit Stacheln bewehrt. Diese bestehen nämlich aus einer Ausstülpung der oberen Hautschicht der Pflanze und lassen sich, anders als Dornen, die mit dem Kerngewebe verbunden sind, einfach abbrechen. Zum zweiten: Einige Rosensorten sind stachellos.

Dennoch bleibt es eine Grundwahrheit: Die Rose ist nicht nur lieblich und bezaubernd, sie sticht auch. Schönheit und Bedrohung vereinen sich in ihr; ein spannender Gegensatz und sicher nicht der geringste Grund für die Faszination, die seit jeher von der Rose ausgeht. Trotz ihres betörenden Duftes, ihrer seidigen Blütenblätter und ihrer Farbenpracht mahnt sie uns bei jeder Berührung zur Vorsicht – und sie fordert Respekt.

> *Das Herz und die Rose*
> *sind das einzig Unvergängliche*
>
> Paracelsus

Die Symbolkraft der Rose, deren Blüte für Liebe, Hingabe und Leidenschaft steht, wird durch die Stacheln auf eine andere Ebene geführt. Stacheln wie Dornen versinnbildlichen Gefahr, Schmerz und Risiko. In der christlichen Symbolik sind sie negativ besetzt: Die Dornenkrone Jesu steht für das Leiden schlechthin. Auch im Islam versinnbildlichen Dornen Irrwege des Glaubens. Sigmund Freud zufolge deuten blühende Dornbüsche in Träumen auf Beziehungsprobleme oder sexuelle Schwierigkeiten hin, und Dornröschens Verehrer hatten bekanntlich größte Schwierigkeiten mit der Undurchdringlichkeit einer Rosenhecke …

Wo pflanze ich Rosen?

ADR steht für »Anerkannte Deutsche Rosen«, eine Auszeichnung neuer Züchtungen, die in Prüfungsgärten bis zu vier Jahre ohne Pflanzenschutzmittel gesund geblieben sind und einen besonderen Zierwert besitzen. Auch Merkmale wie Duft, Blüten, Winterhärte und Krankheitsanfälligkeit werden beurteilt. Mittlerweile gibt es ca. 150 ADR-Rosen, die oft in Parks und öffentlichen Gärten gepflanzt werden.

Rosen bevorzugen sonnige und luftige Plätze mit tiefgründig gelockertem und humusreichem Boden. Unvorteilhaft sind schattige Plätze, Staunässe und ein verdichteter Boden. Ein intaktes Bodenleben ist die Basis einer gesunden und schönen Pflanze. Daher sollten Sie im späten Frühling den Boden aufbereiten:
Das Hacken, die manuelle Bodenbearbeitung mittels einer Hacke, gehört zu den wichtigsten Tätigkeiten eines Rosengärtners: Es lüftet den Boden und verhindert ein Verkrusten der Erde. Gleichzeitig sollte man alles Unkraut entfernen.
Bei sandigen und somit nährstoffarmen Böden sollte ein organisch-mineralischer Dünger in die Erde eingearbeitet werden.

Rankrosen

Rankrosen klettern mit ihren langen, ausgedehnten und schmalen Trieben an Bäumen, Wänden und Bögen empor. Sie blühen, wenn auch nur einmal im Jahr, mit einer herrlichen Blütenpracht. Wenn Sie nach Kletterhilfen für Ihre Rosen suchen, sollten Sie berücksichtigen, dass die Bäume eine entsprechende Größe und Stärke aufweisen müssen. Birken, Blüten und Nadelgehölze eignen sich weniger für diesen Zweck. Schlingen Sie die langen Triebe um einen Baum oder eine andere Rankhilfe, binden Sie die Seitentriebe fest oder beschneiden Sie sie. Sie werden im Mai und Juni mit einem Blütenmeer belohnt, das bis zu 6 Wochen hält und dabei einen bezaubernden Duft verströmt.

Rosen-pflege

Frühling

Im Frühling ist es besonders wichtig, die Rosen zu düngen und zu schneiden.

Zum Düngen kann sowohl organischer (z.B. Kompost) als auch mineralischer Dünger verwendet werden, der in den Boden eingearbeitet wird.

Ende Mai sollte zusätzlich auch ein Rosenspezialdünger eingesetzt werden. Nach dem Düngen empfiehlt es sich immer, den Boden zu wässern. Anstatt eines speziellen Düngers können auch klein geschnittene Bananenschalen in den Boden eingearbeitet werden, wobei eine Bananenschale für einen Rosenstock ausreicht.

Beim Schneiden von Rosen sollten alle überflüssigen und toten Triebe abgeschnitten werden. Wildtriebe können Sie direkt aus dem Boden reißen. Beseitigen Sie das Schnittgut, um Schädlingsbefall und Krankheiten zu verhindern.

Das Entfernen von Winterschutz führen Sie am besten an einem wolkigen Tag aus, damit die Rosen durch die plötzliche Sonneneinstrahlung keinen allzu großen Strapazen ausgesetzt werden.

Sommer

Das Gießen der Rosen in den trocken-heißen Sommermonaten stellt oft eine Herausforderung dar. Rosen haben Wurzeln, die tief in die Erde reichen und somit genug Wasser finden, um sich zu nähren. Daher reicht es, die Rosen zweimal die Woche zu gießen. Dabei sollte man jedoch darauf achten, die Pflanzen nur an den Wurzeln zu wässern, da Feuchtigkeit auf den Blättern und Blüten Pilzinfektionen wie den Sternrußtau begünstigen kann.

Der Sommerschnitt erfolgt am besten in den heißen Monaten.

Je nachdem, welcher Effekt erwünscht ist, kann das Verblühte bei einmal blühenden Rosen abgeschnitten werden. Geschieht dies nicht, setzt die Rose Hagebutten an, die nicht nur hübsch aussehen, sondern auch geerntet und zu Marmeladen, Tee und anderen leckeren Gerichten verarbeitet werden können. Rosen, die mehr als einmal im Jahr blühen, sollten auf jeden Fall beschnitten werden. Setzen Sie dazu die Schere unterhalb des ersten fünffach gegliederten Blattes an.

Der richtige Zeitpunkt für die erste Sommerdüngung ist nach der ersten Blüte. Sie erfolgt mit organischem Dünger. Die letzte Sommerdüngung sollte spätestens Mitte Juli geschehen, damit den Trieben noch genug Zeit zum Heranwachsen bleibt und sie bei kalten Temperaturen nicht erfrieren.

Herbst

Die beste Zeit, Rosen neu anzupflanzen, ist im Herbst. Das Angebot an wurzelnackten Rosen ist beträchtlich und meist preiswerter als Rosen im Container. Bei der Pflanzung gilt es auch hier, den Boden tiefgründig zu lockern und die Triebe mit einer sehr scharfen Schere auf 20-25 cm zu kürzen.

Winter

In der kalten Jahreszeit sollten spätestens Anfang Dezember die Rosen zum Schutz komplett mit Kompost, Tannenreisig und Gartenerde angehäufelt werden, damit sie den Winter unbeschadet überstehen können. Doch Vorsicht! Nicht alle Sorten sind winterhart: Teerosen, ältere englische Rosen und einige Edelrosen sind sehr empfindlich und können trotz Schutz bei zu starker Kälte Schaden nehmen.

Arbeits-Kalender

Januar
bei sonnigem Wetter neue Beete düngen

Februar
bei mildem Wetter neue Rosen pflanzen, Winterdeckung lüften

März
Beete neu anlegen, Winterschutz abnehmen, Ableger machen, ggf. Pflanzen bei Schädlingsbefall eliminieren

April
Rosen beschneiden, auf Mehltau, Raupen und Ungeziefer achten

Mai
bei Beginn der Rosenblüte auf Rosenrost und Schädlinge achten, jauchen und düngen, ggf. spritzen

Juni
verblühte Rosen abschneiden, wilde Wurzelschößlinge entfernen, mit dem Sommerschnitt beginnen

Juli	jauchen und bei Trockenheit ordentlich gießen, Stecklinge vermehren
August	Mehltau und Rosenrost bekämpfen
September	abgestorbene und alte Rosenstöcke ersetzen, Herbstaussaat
Oktober	Herbstbepflanzung nachbereiten, einzelne Rosenstöcke versetzen, wenn nötig. Von Schädlingen befallene Blätter eliminieren, Anhäufelung und Winterschutz vorbereiten
November	Anhäufelung und Winterdeckung durchführen, Stecklinge gewinnen, Hagebutten sammeln
Dezember	Deckung überprüfen, Wasser abziehen

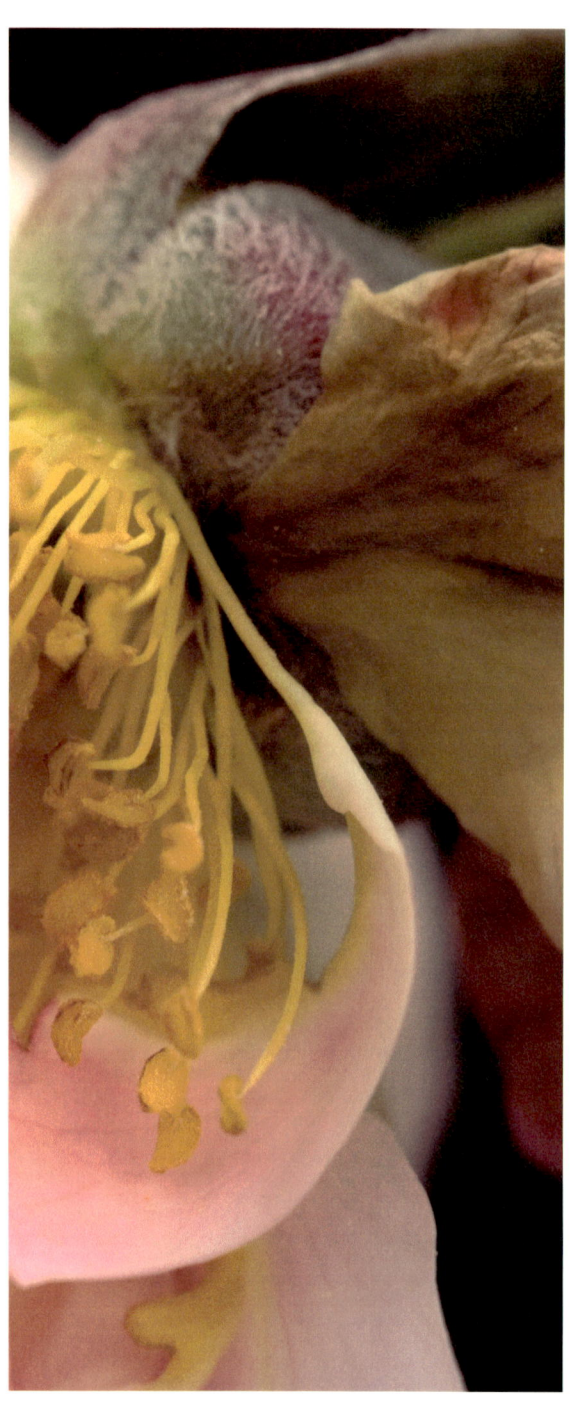

Rosenkrankheiten

Blühende und gesunde Rosen sind der Stolz eines jeden Gärtners. Doch verschiedene Krankheiten und Schädlinge beeinträchtigen die Lebensdauer und Schönheit Ihrer Rosen. Von Anfang an hilft die Wahl des richtigen Standortes, also eines sonnigen und luftigen Platzes mit guter Erde, um Krankheiten entgegenzuwirken. Außerdem empfiehlt sich die Wahl robuster Rosensorten (ADR-Rosen), da diese krankheitsresistenter sind als viele andere Edelrosen. Falls es dennoch zu einem Schädlings- oder Pilzbefall kommt, sollten die abgefallenen Blätter beseitigt werden, denn die darin enthaltenen Sporen und Larven könnten für einen erneuten Befall verantwortlich sein.

Nützliche Gesundheitshelfer

Ein paar einfache Tricks und eine durchdachte Bepflanzung im Rosenbeet können helfen, die Rosen vor Schädlingen und Pilzbefall zu schützen – auf ganz natürliche Weise.

Gegen Ameisen und Blattläuse:

Lavendel, Salbei oder Thymian bilden nicht nur attraktive Polster unterhalb der Rosenstöcke (und ergeben wunderschöne Blumenarrangements), sondern halten durch ihre starken Duftstoffe auch viele Schädlinge fern.

Ringelblumen und Tagetes:

Rund um die Rosen gepflanzt, sorgen diese Blumen für eine gute Bodenqualität. Chemische Stoffe, die aus ihren Wurzeln in die Erde gelangen, töten sogar winzige Schädlinge (Bodenälchen) ab, die vor allem den Wurzeln junger Rosenstöcke gefährlich werden können.

Gegen Wühlmäuse:

Kaiserkronen in die Nähe der Rosen pflanzen. Der knoblauchartige Geruch der Zwiebeln vertreibt Wühlmäuse effizient. Im September/Oktober in den Boden setzen. Die üppigen Kronen der gelben bis tiefroten Glocken blühen von März bis Mai und sind zur Zeit der Rosenblüte schon wieder verschwunden.

Gegen Pilzbefall:

Rund um jede Rose Knoblauchzehen in den Boden stecken.

Nun stehen die Rosen in Blüte

Nun stehen die Rosen in Blüte,
Da wirft die Liebe ihr Netzlein aus,
Du schwanker, loser Falter,
Du hilfst dir nimmer heraus.

Und wenn ich wäre gefangen
In dieser jungen Rosenzeit,
Und wär's die Haft der Liebe,
Ich müßte vergehen vor Leid.

Ich mag nicht sehen und sorgen;
Durch blühende Wälder schweift mein Lauf.
Die lustigen Lieder fliegen
Bis in die Wipfel hinauf.

Paul Heyse

Die Heilkraft der Rosen

Sowohl im Orient als auch im Okzident wurden Rosen schon früh zur Herstellung von Heilmitteln verwendet und galten vor allem in Ägypten als Universalheilmittel.

Die Rose, die der ägyptischen Liebesgöttin Isis geweiht war, wurde ebenso wie die Göttin selbst hoch verehrt. Bei der Einbalsamierung von Toten, denen auf diese Weise gehuldigt wurde, wurde Rosenöl verwendet.

Die *Ilias* erzählt, wie Aphrodite die Leiche Hektors mit Rosenöl salbt. In Griechenland galt die Rose als kühlendes und adstringierendes Mittel, das Beschwerden bei Kopf-, Ohren-, und Zahnschmerzen linderte. Bei Geburten wurden den Gebärenden Rosenwasser und -öl zur Beruhigung auf die Stirn getupft und in der Folge mögliche Gebärmutterleiden mit Zäpfchen aus Rosenblütenblättern behandelt.

Johannes Actuarius, ein im 13. Jahrhundert in Konstantinopel lebender Schreiber und Leibarzt des griechischen Kaisers, erwähnt als einer der Ersten destilliertes Rosenwasser und empfiehlt es gegen Augenkrankheiten.

Kreuzfahrer brachten aus dem Morgenland nicht nur wertvolle Schätze mit, sondern auch die Sitte, in Rosen zu baden und ihre ätherischen Öle zu Heilzwecken zu nutzen. Europäische Herrscher betrieben rege

Handelsbeziehungen mit Persien und erwarben das kostbare Rosenöl und -wasser. Doch rasch verbreitete sich die Kunst des Anbaus und der Verarbeitung von Rosen über Handelsstraßen bis ins mittelalterliche Europa.

An Königshöfen ebenso wie in Klöstern und Abteien wurde die Rose sowohl zur Zierde als auch zu Heilzwecken kultiviert. Schon die Naturheilkundlerin Hildegard von Bingen riet:

Und wer jähzornig ist, der nehme die Rose
Und weniger Salbei und zerreibe es zu Pulver,
und in jener Stunde, wenn ihm der Zorn aufsteigt,
halte er an seine Nase.
Denn der Salbei tröstet, die Rose erfreut.

oder

Die Rose ist kalt, aber diese Kälte hat ein nützliches Prinzip in sich. Sammle Rosenblätter bei Tagesanbruch und lege sie über die Augen, sie machen dieselben klar und ziehen das »Triefen« heraus.

Mönche und Nonnen stellten nicht nur Rosenwasser her, sondern verwendeten es auch zur Veredelung von Honig, Essig und Sirup. Beliebt waren im Mittelalter ebenso Essenzen aus Rosenblüten, die Patienten zur Blutverdünnung verabreicht wurden und denen nachgesagt wurde, dass sie den Aderlass, ein damals beliebtes Heilverfahren, begünstigen.

Neuere Untersuchungen zeigen, dass die berühmte Naturheilkundlerin Hildegard recht hatte und dass Rosenöl bestimmte heilende Wirkungen hat: Es senkt den Blutdruck, lindert Krämpfe und wirkt allgemein harmonisierend auf Körper und Psyche. In der Hautpflege eingesetzt, wirkt es antibakteriell und entzündungshemmend und fördert die Zellerneuerung. Es lindert Kopfschmerzen und fördert den Schlaf.

Die Hagebutte, die Frucht der Rose, ist ein wichtiger Vitamin-C-Träger, wodurch sie, zu Tee oder Marmelade verarbeitet, Erkältungen und grippalen Infekten vorbeugt.

Psychologen beobachten schon lange, dass allein der Duft der Rose positiv stimmt, Blockaden löst und sowohl anregend als auch entspannend wirken kann. Die Aromatherapie, also die gezielte Anwendung ätherischer Öle zur Verbesserung von physischen und psychischen Beschwerden, arbeitet schon seit langem mit dem wohltuenden Duft des Rosenöls, das Melancholie und Niedergeschlagenheit vertreibt und entspannend wirkt. So wird es auch in vielen Geburtshäusern unterstützend bei Entbindungen verwendet, um eine Atmosphäre der Geborgenheit und des Vertrauens zu schaffen.

In der Homöopathie werden Auszüge aus der Rose (*rosa centifolia* und *rosa damascena*) bei Ohrensausen, Heuschnupfen und Katarrh verordnet.

Man schreibt der Rose die Fähigkeit zu, verschiedene Defizite und Mängel auszugleichen, überschüssige negative Gefühle aufzulösen und Körper und Seele ins Gleichgewicht zu bringen.

Es ist wichtiger, dass jemand
sich über eine **Rosenblüte** *freut,*
als dass er ihre Wurzel
unter das Mikroskop bringt.

Oscar Wilde

Duftlampe

Duft- oder Aromalampen schaffen ein angenehmes Raumklima. Die Wasserschale sollte groß genug sein, damit sich das Aroma ausbreiten kann. Auch sollte man darauf achten, dass die Kerze die Schale nicht allzu stark erhitzt, denn Überhitzung schadet den wertvollen Wirkstoffen der ätherischen Öle. Verwenden Sie möglichst destilliertes Wasser und geben Sie das Öl tropfenweise hinzu (ca. 1 Tropfen auf 100 ml).

Falls der Abend doch noch etwas länger geworden ist, das letzte Gläschen Rotwein eines zuviel war und die Kopfschmerzen am nächsten Tag nicht nachlassen, hilft das Universalheilmittel Rose weiter. Einfach Rosenwasser auf die Stirn tupfen oder einige Rosenblüten auf die Stirn legen und entspannt zurücklehnen. Wirkt auch bei Schlaflosigkeit und leichter Übelkeit wahre Wunder.

Man müsste sich einmal **Zeit gönnen,**
wenn man einem Patienten eine **Rose** überreicht.
Wir würden sehen, wie die Freude von der Rose
überspringt auf das Gesicht des Kranken. – Und wer
will bestreiten, dass Freude ein Lebensmotor ist?
Sie ist Maria als Attribut beigegeben und somit auch
Symbol des Himmels …

Klaus Strickerschmidt

Rosen-Gesichtsmaske

Zutaten:
2 TL Heilerde (aus dem Reformhaus oder der Apotheke)
4 TL Rosenwasser
2 Tropfen Rosenöl
2 Tropfen Mandelöl

Zubereitung:
Alle Zutaten gut verrühren und auf das Gesicht auftragen. Verstärkt wird der beruhigende und verwöhnende Effekt der Maske, wenn Blütenblätter einer frischen Duftrose auf die aufgetragene, aber noch feuchte Maske gedrückt werden.
Nach 20 Minuten mit einem feuchten Tuch abnehmen und abwaschen. Die Haut fühlt sich geschmeidig, zart und glatt an.

Augenmaske

Zutaten:
2 TL Heilerde (aus dem Reformhaus oder der Apotheke)
2 EL Rosenwasser
1 Tropfen Rosenöl
1 Tropfen Fenchelöl

Zubereitung:
Die Heilerde mit dem Rosenwasser anrühren. Rosen- und Fenchelöl
zufügen und vermischen. Die entstandene Paste auf eine Mullbinde
auftragen, auf die geschlossenen Augenlider legen und 10 Minuten
entspannt wirken lassen. Sorgt für Linderung bei müden, gestressten
Augen.

Rosenbad

Das Baden in Rosen ließ schon Kleopatra ins Schwärmen geraten. Was kann es Schöneres geben, als in Rosen zu schwelgen und sich zu entspannen? Sie sollten jedoch nicht einfach Rosenöl in das Badewasser träufeln, da es sich so nicht mit dem Wasser verbindet. Benutzen Sie als Emulgator neutrale Flüssigseife.

Zutaten:
200 ml neutrale Seife
200 ml destilliertes Wasser
20 Tropfen Rosenöl
10 Tropfen Duftöl nach Belieben (Lavendel, Orange)

Zubereitung:
Alle Zutaten verrühren und in eine dekorative Flasche füllen. Frische, ins Badewasser gestreute Rosenblütenblätter schaffen eine besonders sinnliche Atmosphäre.

Rosen in der Küche

Das wundervolle Aroma und die wohltuende Wirkung der Rose lassen sich nicht nur hervorragend für die innere und äußere Schönheit verwenden, sie verleihen auch Speisen eine einzigartige Note. Hierzulande ist die Verwendung von Rosenwasser vor allem als Bestandteil des Marzipans bekannt. Wie viele andere Delikatessen kam es aus der französischen Küche zu uns und ist vor allem an Ostern und Weihnachten kaum aus dem Süßigkeitensortiment wegzudenken. Aber nicht nur in der traditionellen Konfiserie, sondern in verschiedenen Küchen dieser Welt spielt die Rose eine gewichtige Rolle und verleiht mit ihrem dezenten und dennoch unverwechselbaren Odeur auch herzhaften Speisen das besondere Etwas.

Die kulinarischen Ursprünge und die Verwendung der Rose lassen sich bis in den Orient zurückverfolgen, wo die Ägypter, Babylonier und Perser schon im 10. Jahrhundert Weine mit Hilfe von Rosenöl parfümierten und die üppigen arabischen Speisen in Palastküchen mit diversen Rosenaromen versetzten.

Blütenblätter werden sowohl frisch als auch getrocknet verwendet, wobei letztere intensiver und würziger schmecken. Um den köstlich süßen Duft und Geschmack einzufangen, werden Rosenblüten seit ältesten Zeiten in Zucker, Essig und Öl konserviert. So waren auch im okzidentalen Mittelalter Rosenweine und -essige eine besondere Spezialität und wurden in ausgewählten Klöstern von Mönchen und Nonnen in aufwendigen Prozeduren hergestellt. Die meisten kulinarisch verwendeten Rosen sind rosafarben oder rot, denn der Geschmack gelber Blütenblätter gilt als ein wenig zu bitter für den Verzehr. Die einzelnen Düfte unterscheiden sich sehr stark. Kräftig rotfarbene Blüten duften schwer und orientalisch, pastellene und helle Sorten fruchtig frisch nach Zitrus oder Apfel. Beim Kochen gilt der Grundsatz: Rosen schmecken so, wie sie duften!

Weiße Teile des Blütenblatts ggf. abzupfen, sie können bitter schmecken.

Marzipan

Zutaten:
200 g Mandeln
200 g Puderzucker
2 EL Rosenwasser

Zubereitung:
Die Mandeln mit kochendem Wasser überbrühen und abziehen; dann auf einem Küchentuch ausbreiten und ca. 4 Stunden trocknen lassen. Die Mandeln mahlen und mit dem Puderzucker mischen. Portionsweise nochmals mahlen. Das Mandelmehl auf die Arbeitsfläche häufen und mit dem Rosenwasser beträufeln. Alles zu einem geschmeidigen, festen Teig verkneten. Ist er zu trocken, tropfenweise noch etwas Rosenwasser unterkneten. Das Marzipan nach Wunsch weiterverarbeiten.

Rosenblütenblätter werden vor allem in der arabisch-orientalischen Küche verwendet, denn Ursprünge und Verwendung von Rosen lassen sich bis ins alte Ägypten, Persien und Babylon zurückverfolgen. Rosenöl wurde schon lange, bevor es Seifen gab, wegen seiner heilsamen und sowohl beruhigenden als auch belebenden Wirkung als Badeessenz und Körpertonikum verwendet.

Orientalischer Safran-Rosen-Pilaw

Zubereitung:

Den Reis 20 Min. in kaltem Wasser einweichen. Safranfäden, Zucker und Rosenwasser verrühren und 20 Min. ziehen lassen. Die Mandeln in einer beschichteten Pfanne ohne Fett goldgelb rösten. Herausnehmen und beiseite stellen. Die Zwiebel abziehen und fein hacken.

Den Reis abgießen. Die Gemüsebrühe erwärmen. In einem Topf 1 EL Butterschmalz erhitzen und den Reis darin anrösten. Die Safranmischung in 5 EL heißer Brühe auflösen. Mit der restlichen Brühe zum Reis gießen. Den Reis ca. 15 Min. offen köcheln lassen, bis die Brühe verdampft ist.

2 EL Butterschmalz erhitzen und die Zwiebel darin glasig dünsten. Das Hackfleisch und die Gewürze einrühren und goldbraun anbraten. Salzen und die Sultaninen unterrühren. Die Hackmischung unter den Reis heben. Den Reis zugedeckt weitere 20 Min. dämpfen. Den Pilaw turmartig auf eine Platte häufen und mit den gerösteten Mandeln umlegen. Für 4 Personen.

Tipp: Besonders edel wird der Pilaw, wenn Sie ihn vor dem Servieren noch mit frischen Rosenblütenblättern bestreuen.

Zutaten:

400 g Langkornreis
2 Briefchen Safranfäden
1/2 TL Zucker
2 EL Rosenwasser
100 g Mandeln
1 Zwiebel
800 ml Gemüsebrühe
3 EL Butterschmalz
200 g Rinderhackfleisch
Prise gemahlener Kardamom
Prise gemahlener Koriander
Prise Zimt
Prise gemahlene Gewürznelken
Salz
2 EL Sultaninen

Ras-el-Hanout

Ras-el-Hanout heißt übersetzt »Die Mischung des Ladenbesitzers« und ist eine aromatisch-scharfe Würzmischung für Tajine-, Eintopf- und Fleischgerichte. Obwohl sie mittlerweile sogar in gut sortierten Supermärkten erhältlich ist, ist das Aroma und der Geschmack eines selbstgemachten Ras-el-Hanout unvergleichlich:

Je 1/2 TL Pfeffer, Kardamom (aus den Kapseln ausgelöste Samen), Piment, Nelken und Muskatblüten und je 1 TL Kreuzkümmel, Zimtpulver und Kurkuma im Mörser fein zerstoßen und zerreiben, in der Pfanne kurz anrösten. 2 TL zerstoßene Rosenblütenblätter druntermischen.

Rosenlimonade

Diese wunderbare Variante einer Zitronenlimonade stimuliert seit Jahrhunderten die Gemüter der Araber. Sie wurde der Legende nach sogar von der persischen Prinzessin Sheherazade in den Tagen zwischen den 1001 Nächten getrunken und schenkte ihr die Inspiration für ihre zauberhaften Geschichten.

200 ml Wasser mit 200 g Zucker kochen, bis sich der Zucker auflöst. Hinzu kommen ca. 10 duftende (ungespritzte) Rosenblätter. Den Deckel auflegen und den Sirup abkühlen lassen, ab und zu umrühren. 5 Zitronen auspressen, den Saft in den Sirup mischen und nochmals eine Stunde ziehen lassen. Nun durch ein Sieb gießen und je nach gewünschter Intensität mit sprudelndem Mineralwasser aufgießen.

Variante: Wem die Limonade nicht rosig genug schmeckt, der träufelt noch einige Tropfen Rosenwasser hinein.

Variante: Als Aperitif eignet sich die Limonade, wenn man sie statt des Mineralwassers mit Rosé-Sekt auffüllt.

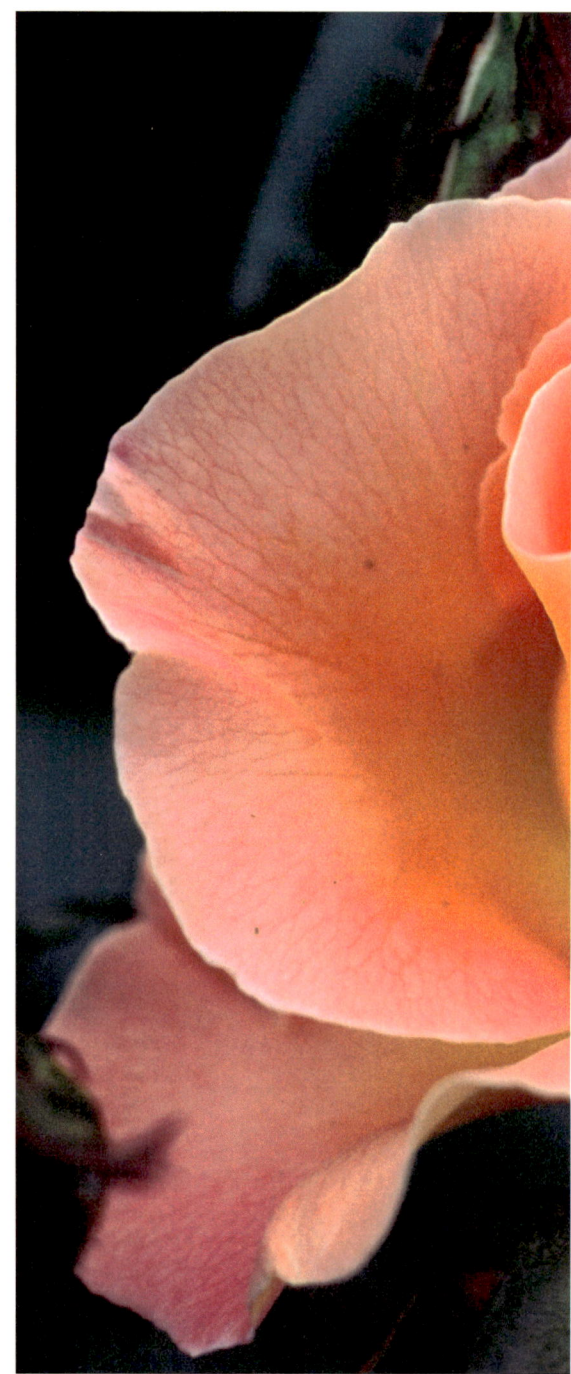

Als besonderer Glanzpunkt empfehlen sich hier Eiswürfel mit Rosenblütenblättern oder ganzen Knospen.
Hierfür gewaschene Blüten, Blätter oder Knospen in einen handelsüblichen Eiswürfelbehälter legen, mit stillem Mineralwasser auffüllen und einige Stunden in das Gefrierfach legen.

Wachteln mit Rosenbutter

Zubereitung:

Zuerst die Wachteln waschen und trocknen. Anschließend innen und außen mit Salz und Pfeffer einreiben. Dann die Wachteln in das vorbereitete Kalbsnetz einrollen. Die Kräuter waschen und fein hacken. Den Topf mit 1,5 l Wasser füllen und die gehackten Kräuter dazugeben. Dann die Wachteln in den Dampfaufsatz legen. Anschließend bei mittlerer Hitze etwa 45 Minuten im Dampf garen.

In der Zwischenzeit das Rosenwasser mit der Butter verrühren. Die Weintrauben halbieren.

Backofen etwa 10 Minuten vor Ende der Garzeit der Wachteln auf 170° Grad (Umluft) vorheizen.

Einen Bräter mit ein wenig Rosenbutter ausstreichen. Die Wachteln aus dem Topf nehmen und das Kalbsnetz ablösen. Die Wachteln in den Bräter geben und mit 2 EL Rosenbutter bestreichen. Im heißen Backofen (Mitte) in 20 Minuten goldbraun und knusprig braten. Dabei immer wieder mit Rosenbutter bestreichen und mit Bratensatz übergießen. Die Weintrauben etwa 10 Minuten vor Ende der Garzeit in Portwein andünsten.

Die fertigen Wachteln auf einem Bett aus Trauben anrichten und mit Rosenblättern garnieren.

Zutaten:
4 Wachteln
grobes Salz
Pfeffer
1 Kalbsnetz
1 halber Bund Basilikum
1 halber Bund glatte Petersilie
Oregano
75 g weiche Butter
1 TL Rosenwasser
(in der Apotheke erhältlich)
500 g kernlose blaue Trauben
5 EL Portwein
Topf mit Dämpfeinsatz
(Couscoussier)

Blattsalate mit Rosenblättern und Ziegenkäse

Zubereitung:
Salat waschen, trocknen und mit den klein geschnittenen Rosenblättern auf Tellern anrichten. Birnen in Spalten schneiden und darauf verteilen. Himbeeressig, Walnussöl, Salz und Pfeffer zu einer Vinaigrette vermengen und über den Salat geben.
Ziegenkäse unter dem vorgeheizten Grill kurz gratinieren und mit dem Salat anrichten. Walnüsse hacken und darüber streuen.

Zutaten:
400 g gemischte Blattsalate
je nach Saison (z.B. Feldsalat,
Radicchio, Eichblattsalat)
2 kleine Birnen
4 kleine Ziegenkäsetaler
2 rote Rosen
50 g Walnusskerne

4 EL Himbeeressig
2 EL Walnussöl
Salz
Pfeffer

Hagebutten-Kürbis-Suppe mit Ingwer

Zutaten:
500 g Hagebutten
400 g Kürbis
100 g Kartoffeln
2 große Zwiebeln
1 Stückchen Ingwer
(nach Belieben)
500 ml Gemüsebrühe
100 ml Sahne
Crème fraîche

Zubereitung:
Die Hagebutten halbieren und die Kerne entfernen. In wenig Wasser kurz weich kochen und dann durch ein Sieb passieren. Das so gewonnene Mark auffangen.
Den Kürbis, die Kartoffeln, Zwiebeln und den frischen Ingwer schälen und würfeln. 1 EL Öl in einen Topf erhitzen und das Gemüse darin andünsten. Die Gemüsebrühe zugeben und ca. 15 Minuten köcheln.
Die Sahne und das aufgefangene Hagebuttenmark zugeben. Die Suppe anschließend nach Belieben mit Salz und Pfeffer abschmecken.
Mit Crème fraîche und evtl. frischen Hagebuttenringen garnieren.

Rosige Panna cotta auf Himbeerschaum

Zutaten:
3 Blatt weiße Gelatine
1 Vanilleschote
2 ungespritzte Duftrosenblüten
500 g Sahne
50 g Zucker
500 g Himbeeren
Puderzucker
1 Spritzer Zitronensaft

Zubereitung:

Die Gelatine in Wasser einweichen. Die Vanilleschote längs aufschlitzen und das Mark herausschaben. Die Rosenblüten kalt abspülen und trockentupfen. Die Blütenblätter abzupfen.

Sahne, Zucker, Vanilleschote und -mark aufkochen. Vom Herd nehmen, die Blütenblätter einrühren und 5 Minuten ziehen lassen. Die aromatisierte Sahne durch ein Sieb gießen. Die Gelatine ausdrücken und unter Rühren in der heißen Sahne auflösen. Die Sahne in vier kalt ausgespülte Förmchen füllen und mindestens 4 Stunden oder über Nacht im Kühlschrank gelieren lassen.

Für den Himbeerschaum die Beeren im Mixer pürieren und durch ein Sieb streichen. Mit Puderzucker und Zitronensaft abschmecken. Die Panna cotta aus den Förmchen lösen und auf dem Beerenschaum anrichten.

Tipp: Streuen Sie vor dem Servieren noch einige Rosenblütenblätter über die Panna cotta. Den Beerenschaum können Sie natürlich auch mit anderen Beeren zubereiten.

Maronen mit Hagebutten-Vanille-Dip

Zubereitung:

Den Backofen auf 250° (Umluft 220°) vorheizen. Die Maronen kreuzweise einritzen und auf einem Backblech verteilen. Im heißen Ofen 15–20 Minuten backen, bis die Schalen aufplatzen.

Für den Dip die Vanilleschoten längs aufschlitzen und das Mark herausschaben. Hagebuttenmark, Honig, Apfelsaft und Vanillemark verquirlen. Die Kastanien aus den Schalen lösen und mit dem Dip servieren.

Tipp: Servieren Sie diese herbstliche Schlemmerei nach einem langen Spaziergang durch Wald und Feld. Dazu gibt es für die Kinder einen Hagebuttentee und für die Großen Glühwein.

Zutaten:

30 Maronen
2 Vanilleschoten
200g Hagebuttenmark
(aus dem Reformhaus)
100 g Honig
100 ml Apfelsaft

Tagliatelle mit Rosen-Mandel-Pesto

Zutaten:
9 EL Rosenwasser
1 Briefchen Safranfäden
1 Bund Petersilie
1 Knoblauchzehe
50 g Mandeln
50 g Haselnusskerne
12 EL Olivenöl
1 Prise Zimt
Salz und weißer Pfeffer
400 g Tagliatelle

Zubereitung:
Das Rosenwasser mit den Safranfäden verrühren und 1 Stunde ziehen lassen. Die Petersilie waschen, trocken schütteln und die Blätter abzupfen. Den Knoblauch abziehen. Mit der Petersilie grob hacken. Die Mandeln mit kochendem Wasser überbrühen, abziehen und trocken tupfen. Mit den Haselnüssen in einer beschichteten Pfanne ohne Fett goldgelb rösten. Etwas abkühlen lassen. Die Nussmischung mit 4 EL Öl im Mixer fein zerkleinern. Petersilie und Knoblauch unterschlagen. Tropfenweise 8 EL Öl und das Safran-Rosenwasser einrühren und alles zu einer samtigen Sauce mixen. Das Pesto mit Zimt, Salz und reichlich Pfeffer würzen.
Die Nudeln in kochendem Salzwasser bissfest garen. Mit dem Pesto übergießen und sofort servieren.

Kir Royal
mit Rose

Zutaten:
1 cl Himbeerlikör
1 cl Rosenwasser
100 ml Champagner

Zubereitung:
Himbeerlikör und Rosenwasser in einem Sektglas mischen. Mit Champagner auffüllen. Sofort servieren.

Tipp: Dieser feine Aperitif schmeckt auch mit Sekt und Prosecco gut. Legen Sie noch eine frische Rose dazu. Das erfreut besonders die weiblichen Gäste.

Feigen mit Rosenhonig und Schinken

Zubereitung:

Die Feigen waschen, trocken tupfen und über Kreuz einschneiden. Die Früchte etwas aufbiegen und das Fruchtfleisch mit je 1 TL Rosenhonig beträufeln. Crème fraîche, Frischkäse und Sahne verrühren. Die Schinkenscheiben zu Röschen legen. Das Basilikum waschen, trocken schütteln und die Blättchen abzupfen.

Je 1 Feige, 1 Klecks Käsecreme und 2 Schinkenröschen auf einem Teller anrichten. Die Käsecreme mit Pfefferkörnern bestreuen. Jeden Teller spiralförmig mit 1 TL Rosenhonig überziehen und mit Basilikum bestreuen.

Tipp: Diese leckere Vorspeise haben Sie im Handumdrehen zubereitet. Abgerundet wird sie mit einigen gerösteten Weißbrotscheiben. Wenn Sie nur kleine Feigen bekommen, rechnen Sie zwei Früchte pro Person.

Rosenhonig gibt es im Feinkostladen. Häufig findet man ihn auch bei Gartentagen oder Rosenmessen. Oder Sie stellen ihn selbst her: Dafür 50 g duftende Rosenblütenblätter mit 250 g hellem Honig 10 Minuten bei schwacher Hitze köcheln lassen. Durch ein Sieb in ein sauberes Schraubglas füllen. Abkühlen lassen und verschließen.

Zutaten:

4 große reife Feigen
8 TL Rosenhonig
150 g Crème fraîche
75 g Frischkäse
2 EL Sahne
8 Scheiben Parmaschinken
4 Stängel Basilikum
2 TL grüne Pfefferkörner
(aus dem Glas)

Rosen-Pfeffer

Getrocknete und zerstoßene Blütenblätter mit einer bunten Pfefferkörnermischung vermengen und in eine dekorative, durchsichtige Pfeffermühle füllen. Zum Verfeinern von Salaten.

Rosen-Salz

Getrocknete und zerstoßene Blütenblätter unter feines Kristallsalz (dafür am besten Fleur de sel verwenden) mischen und in ein dekoratives Glas füllen. Toll zu Fisch und Meeresfrüchten.

Rosen-Tee

Milden Tee (Darjeeling oder Assam) mit getrockneten und zerstoßenen Blütenblättern eins zu eins mischen. Besonders dekorativ in einer Teedose mit Rosenornamenten.

Adressen von Rosarien und Rosengärten

Deutschland

Deutsches Rosarium Dortmund
An der Buschmühle 3
D-44139 Dortmund
www.rosarium.dortmund.de

Europas Rosengarten
Rosengartenstraße
D-66482 Zweibrücken
www.europas-rosengarten.de

Mit der großen Vielfalt von 3 000 verschiedenen Sorten und Arten beheimatet die Rosenstadt Dortmund das drittgrößte Rosarium der Welt. Die Rosensammlung wurde 1972 angelegt und ist heute in 38 Rosen-Stationen wie z.B. eine Kletterrosenwand, eine Roseninsel und einen Jugendstil-Rosengarten segmentiert. Die angegliederte Bibliothek umfasst mit 1300 Büchern eine große Auswahl an Literatur über Rosen.

Eine grüne Oase mitten in der pfälzischen Rosenstadt Zweibrücken bildet Europas Rosengarten, in dem über 60 000 Rosen in über 2 000 Arten und Sorten blühen. Die Parkanlage gehört zu den größten Gärten Europas und bietet mit zahlreichen Veranstaltungen und den »Zweibrücker Rosentagen«, die am dritten Wochenende im Juli stattfinden, ein beliebtes und reizvolles Ausflugsziel.

Rosengarten am Burggraben
Eltville
Kurfürstliche Burg
Burgstraße 1
D-65343 Eltville am Rhein
www.eltville.de

Im Jahr 1988 wurde Eltville das Prädikat »Rosenstadt« verliehen, und Rosen prägen in der Tat das Ortsbild. Im Sommer blühen 22 000 Rosenstöcke in 350 Sorten, darunter viele seltene und historische Rosen. Im Burggraben und am Rheinufer kommt die Blütenpracht in den Sommermonaten besonders gut zur Geltung. Alle zwei Jahre finden dann die »Rosentage« statt, die mit einem bunten Programm und zahlreichen Veranstaltungen gefeiert werden.

Rosengarten Eutin
Schloss Eutin
Brannenweg 21
D-23701 Eutin
Telefon: 0 45 21/70 97-0

Die Omnipräsenz der Rosen in Eutin verleiht der Altstadt eine romantische Atmosphäre und macht sie zu einem perfekten Reiseziel für Verliebte. Der von dem Gartenarchitekten Harry Maasz gestaltete Rosengarten zeichnet sich durch breite, mit Rosen- und Staudenbeeten gerahmte Spazierwege und idyllische Plätze aus, die zum Verweilen einladen.

Rosengarten im Botanischen
Garten München
Menzinger Straße 65
D-80638 München
Infotelefon: 0 89/17 86 13 16

Hinter dem Café des Botanischen Gartens liegt der Rosengarten, in dem alte Rosen mit ihrem einzigartigen Bukett neben modernen Züchtungen in voller Farbenpracht und Blütenreichtum einen Eindruck von der Vielfalt der Rosen vermitteln.

Rosarium Uetersen
Berliner Straße 10
D-25436 Uetersen
www.rosarium-uetersen.de

Das Rosarium Uetersen ist das älteste und größte Rosarium Norddeutschlands. Im heutigen Rosenpark werden auf 7 Hektar Fläche mehr als 30 000 Rosen in über 900 Sorten in allen farblichen Abstufungen und Duftnuancen vorgestellt. In einer vielseitig gegliederten Schaupflanzung wird ein buntes Spektrum alter und neuer Park-, Beet-, Kletter- und Hochstammrosen präsentiert.

Österreich

Österreichisches Rosarium im Doblhoffpark Baden bei Wien
A-2500 Baden
Tel. 2252/22600-600

Das 1969 angelegte Rosarium im Park des früheren Schlosses Weikersdorf bietet eine große Sammlung von Rosensorten des österreichisch-ungarischen Züchters Rudolf Geschwind. Zur Zeit der »Badener Rosentage« erwartet die Besucher ein reiches Kultur- und Fachprogramm.

Rosarium im Botanischen
Garten Linz
Roseggerstr. 20
A-4020 Linz
Tel : +43 (0)732/7070-1860

Das Rosarium des Botanischen
Gartens in Linz präsentiert
vielfältige Erscheinungsformen
der Rose und ist nach Klassen
wie Moos-, Zentifolia- und
Remontant-Rosen gegliedert.
Der Garten zeigt neben alten,
heute nicht mehr handelsüblichen Rosensorten auch moder-
ne Klassiker wie Teehybriden
und Kletterrosen.

Schweiz

Roseraie du Parc de la Grange
Genf
Quai Gustave-Ador-Avenue de
Frontenex
CH-1211 Genève (Genf)
Tel. 0 22- 4 18 50 00

Der im Jahre 1946 ange-
legte Stadtpark bietet über 200
Rosensorten in romantischem
Ambiente und ist Stätte der internationalen Rosenprüfung.

Roseraies Alain Tschanz
Route de Chavannes 61
CH-1007 Lausanne
Tel. 0 21-624 44 02

Ein Rosengarten, der den Charme
alter und englischer Rosen ein-
fängt und eine reiche Auswahl
klassischer und rustikaler Rosen
bietet.

Bildnachweis

Fotografien:

S. 21: © Holger Gurski/
 fotolia

S. 27: © FotoFrank/fotolia

S. 29: © Angela/fotolia

S. 60: © Roswitha Schacht/
 fotolia

S. 62: © Martina Berg/
 fotolia

S. 66: © Kica Henk/
 fotolia

S. 86: © Holger Gurski/
 fotolia

S. 110: © rebvt/fotolia

Alle anderen Bilder:
© Tina & Horst Herzig

Ornamente:
S. 34, 50, 69, 80:
© Tolchik/fotolia
S. 42, 59, 91: © Natalya
Semenchuk/fotolia

1. Auflage 2009

© 2009 by ars vivendi verlag GmbH & Co. KG, Cadolzburg

© Fotografien siehe Bildnachweis

www.arsvivendi.com

Alle Rechte vorbehalten

Redaktion: Jagoda Tomski

Lektorat: Dr. Hanna Stegbauer

Grafische Gestaltung: Anna Ponton/Silke Klemt

Umschlaggestaltung: Silke Klemt unter Verwendung
eines Fotos von Tina und Horst Herzig

Druck: Graphicom Srl

Printed in Italy

ISBN 978-3-89716-932-6

Eine Rose ist eine Rose ist eine Rose.

Eine Rose ist eine Ro

Ist eine Rose.

Eine Rose ist eine Rose ist eine Rose.

Eine Rose ist eine Rose